诺奖作家
给孩子的阅读课

情感启蒙

[日] 川端康成等 著 应中元等 译

天地出版社 | TIANDI PRESS

图书在版编目（CIP）数据

情感启蒙/（日）川端康成等著；应中元等译. —
成都：天地出版社，2024.3
（诺奖作家给孩子的阅读课）
ISBN 978-7-5455-8221-5

Ⅰ.①情… Ⅱ.①川… ②应… Ⅲ.①阅读课—中小学—教学参考资料 Ⅳ.①G634.333

中国国家版本馆CIP数据核字（2023）第257065号

NUOJIANG ZUOJIA GEI HAIZI DE YUEDU KE · QINGGAN QIMENG

诺奖作家给孩子的阅读课·情感启蒙

出 品 人	杨　政
作　　者	[日]川端康成等
译　　者	应中元等
责任编辑	杨　露
责任校对	梁续红
插　　画	刘　洋
封面设计	纸深文化
内文排版	谢　彬
责任印制	王学锋

出版发行	天地出版社
	（成都市锦江区三色路238号 邮政编码：610023）
	（北京市方庄芳群园3区3号 邮政编码：100078）
网　　址	http://www.tiandiph.com
电子邮箱	tianditg@163.com
经　　销	新华文轩出版传媒股份有限公司

印　　刷	迪明易墨（天津）印刷有限公司
版　　次	2024年3月第1版
印　　次	2024年3月第1次印刷
开　　本	710mm×1000mm　1/16
印　　张	10.25
字　　数	123千字
定　　价	29.00元
书　　号	ISBN 978-7-5455-8221-5

版权所有◆违者必究
咨询电话：（028）86361282（总编室）
购书热线：（010）67693207（营销中心）

如有印装错误，请与本社联系调换。

编者的话

2012年，我国作家莫言先生获得了诺贝尔文学奖，一时间激起了国内读者阅读诺奖作家作品的热潮。诺贝尔文学奖无疑是世界最具影响力的文学奖项之一，代表着文学创作的卓越成就。一百多年来评选出了上百位得主，他们的作品在思想深度、精神内涵和语言艺术等方面均具有卓越品质。

为了让孩子能够接触到高质量的文学作品，以培养他们的文学素养，提高他们的欣赏品位和阅读品鉴能力，我们想到了为他们选编一套诺奖作家的作品集。

最初，我们很担心诺贝尔文学奖得主的作品由于思想过于深邃而让人感到艰深晦涩，但查阅了上百位诺奖得主的作品后，我们惊喜地发现，大部分诺奖作家都曾写过生趣盎然、简单易懂的作品，即便是孩子，也可以轻松理解。

于是，我们参考了教育部推荐阅读的文学篇目，精选出这套既适合孩子阅读又富有教育启发意义的丛书——诺奖作家给孩子的阅读课。

丛书共六册，分六个主题，涉及孩子成长过程中的六大重要主题。

心智成长：包括《觉醒》（高尔斯华绥）、《勇敢的船长》（吉卜林）和《论创造》（罗曼·罗兰）等作品，帮助孩子培养独立、自信、坚韧不拔等优秀品质，让他们内心充盈起来，能够勇敢面对成长过程中的各种挑战。

生命教育：包括《在异乡》（海明威）、《鹰巢》（比昂逊）和《小银和我》（希梅内斯）等作品，引导孩子意识到生命的宝贵，理解爱与关怀的重要性，珍惜生命，关爱他人，培养孩子积极的人生观。

人生智慧：包括《童年逸事》（黑塞）、《山里人家的圣诞节》（汉姆生）和《安妮与奶牛》（延森）等作品，带领孩子体验世间百态，探索生活的多样性和人生的丰富性，激发孩子对生活的热爱与思考，从而塑造积极的人生态度。

情感启蒙：包括《破裂》（泰戈尔）、《塔楼里的王子》（法朗士）和《暑假作业》（川端康成）等作品，引导孩子认识情感，理解他人的感受，学会表达自己的情感，并与他人建立良好的人际关系。

品格修养：包括《品质》（高尔斯华绥）、《皇帝和小女孩》（萧伯纳）和《艰难的时刻》（托马斯·曼）等作品，着重培养孩子的道德观念与行为准则，以及正直、善良、宽容和有责任感等美好品格，引导他们成为具有良好品格修养的人。

亲近自然：包括《白海豹》（吉卜林）、《一只狗的遗嘱》（尤金·奥尼尔）和《小野猪》（黛莱达）等作品，让孩子认识到大自然中万事万物的美妙和脆弱，培养他们关爱大自然、保护野生动植物的意识。

为了使孩子能够更好地理解和接受这些作品，我们按照阅读的

编者的话

难易程度进行了编排，让他们能够循序渐进地熟悉这些名篇佳作，逐渐爱上阅读。同时，我们为每一篇作品都增加了旁批，包括生词、知识点注释与文段语句赏析，让孩子在阅读的过程中解决障碍，积累知识，拓宽眼界，学会思考。

此外，我们还精心制作了每位作家的档案卡，涵盖作家的生平经历、获奖理由以及适合作为作文素材的佳句名言等。这些辅助内容可以帮助孩子更好地了解作家的生平和创作风格，加深对作品的把握与理解。

我们希望，通过阅读这套书，孩子不仅能感受到文学之美，还能提升阅读理解能力、语言表达能力；不仅能了解到关于生命、生活、自然、社会的有用知识，还能在品格、情感等方面获得成长。

衷心期待这套书能为孩子带来愉快的阅读体验，成为他们人生道路上的良师益友。

目 录

斯坦贝克

早　餐　　　　　　　　　　　　　4
人民的首领　　　　　　　　　　9

泰戈尔

破　裂　　　　　　　　　　　　36
喀布尔人　　　　　　　　　　　44

法朗士

送你一朵玫瑰花　　　　　　　　60
塔楼里的王子　　　　　　　　　63

川端康成

建校纪念日　　　　　　　　　　　70
暑假作业　　　　　　　　　　　　89
考试风波　　　　　　　　　　　　107
为恩师扶灵送别　　　　　　　　　122

米斯特拉尔

孤独的孩子　　　　　　　　　　　150
星星谣　　　　　　　　　　　　　151
露　珠　　　　　　　　　　　　　153
夜　晚　　　　　　　　　　　　　155
甜　蜜　　　　　　　　　　　　　156

情感启蒙

○ 作家档案

中 文 名：**斯坦贝克**

外 文 名：John Ernst Steinbeck

国　　籍：美国

出生日期：1902年2月27日

逝世日期：1968年12月20日

认识作者

斯坦贝克，小说家。曾从事修路、摘水果和捕鱼等体力劳动。第二次世界大战期间赴欧洲任战地记者。丰富的人生经历，让他接触了形形色色的人，促使他开始以社会底层的人为写作的主角，描绘他们艰难的生活。1929年，他出版第一部长篇小说《金杯》，随后接连创作出佳作，逐渐成为世界知名作家。

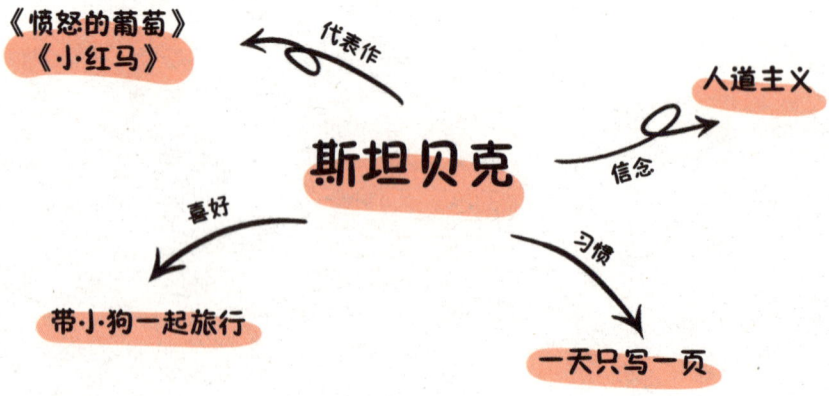

1962年诺贝尔文学奖

获奖理由：
　　通过现实主义的、富有想象力的创作，表现出富有同情心的幽默和对社会敏锐的洞察力。

创作风格

　　斯坦贝克很喜欢在作品中强调声音、视觉和感觉的重要性，有人说他的小说语言形成了一种交响乐的风格。他的小说总是会同情受压迫、受挫折的人群，他替穷苦人说话，为被压迫者申辩。同时，也能让人在字里行间感受到，他对大自然的热爱。

作文素材

　　不存过高的希望，就不会让失望给搞垮。《愤怒的葡萄》

　　住惯了的地方是很难离开的，想惯了的道理也很难丢掉。《愤怒的葡萄》

　　苍蝇在阳光中进进出出，宛如脚步匆忙的流星。《人鼠之间》

早　餐

徐宝容/译

> 开头直接引出"我"要回忆的故事。

这件事让我欣欣和愉悦。不知什么原因，我能观察到这件事最细微的地方。我总是回忆起这件事，每回想一次，总能从尘封的记忆里，唤起新的细节。回忆带给我奇妙、温馨的乐趣。

那是一个大清早，东边的山脉还是一片黑蓝色，但山背后的光线微微亮起，给山脉边缘染上一层淡淡的红色。光线渐渐升起，色泽逐渐变得冷淡、昏暗。光线升至空中，直至西边的天际，与纯净的黑夜融为一体。

那天天气很冷，虽然谈不上刺骨，但还是冻得我不住地搓手，最终不得不将双手深深插入口袋。我耸着肩，双脚在地上摩擦。我所在的山谷深处，大地被黎明的灰紫色光芒笼罩。

我走在一条乡间小路上，前面搭着一个帐篷，帐篷的颜色比地面略浅一些，偏几分灰白。帐篷旁边放着一个生锈的旧铁炉，炉缝里蹿出一道橘红色的火苗。粗短的炉管里冒着灰烟，烟雾向外喷射了好长一段距离，最后才渐渐扩散，消失在

> "生锈""旧"，表现了这家人生活并不富裕。

斯坦贝克

空中。

炉子旁有个年轻女人，看起来还是少女模样。女人穿着一件褪色的束腰棉布裙。走近时，我发现她正给怀里的婴儿喂奶。婴儿的头被女人包在背心里，避开了寒冷。这位母亲不停地来回走动，时不时拨弄炉火，翻动生锈的炉盖，打开炉门，制造气流，让柴火烧得更旺。女人做这些动作时，她怀里的婴儿还在吃奶。但这并不妨碍她工作，她的行动干脆利落，轻盈优雅，她的动作精准到位，游刃有余。橘红色的火苗蹿出炉缝，火光照映到帐篷上，投射出女人舞动的身影。

我走近帐篷，煎培根和烤面包的香味扑鼻而来，这真是最令人温暖、愉快的气味。这时，东边的天空已经亮了。我靠近炉子，伸手烤火，一股暖意袭来，令我浑身发抖。突然，帐篷的门帘被掀开，一个年轻人走了出来，他身后跟着一位老人。他们身穿全新蓝色粗棉布裤和粗棉布外套，外套上的铜纽扣闪闪发光。他们的面部棱角分明，两人长得很像。

年轻人脸上留着黑胡须，老人则胡须灰白。两人的头和脸都湿答答的，头发滴着水，硬邦邦的胡子上挂着水珠，脸颊因为湿润而泛着水光。他们并排站着，静静地望着逐渐泛白的东方。两人打了

■ 原指厨师把整个的牛分割成块，技术熟练，刀子在牛的骨头缝里自由移动，没有一点儿阻碍，后形容做事熟练，解决困难、问题轻松利索。

个哈欠,望向山脉边缘的亮光。随即,他们转身看到我。

我向他们问好,他们的反应不冷不热。

"早上好,先生。"我说。

"早上好。"年轻人回应道。

他们脸上的水慢慢变干了。两人走到铁炉旁,对着炉子伸手取暖。

女人继续忙着她的工作,埋头于眼前的活计。她的头发梳在脑后,以防长发挡住视线。发束垂在身后,随着她的移动而摇摆。她把杯子放到一个大包装箱上,并摆上锡盘和刀叉。接着,女人从锅里捞出培根,放在大锡盘上。培根吱吱作响,逐渐变得酥脆卷曲。她打开生锈的烤箱,取出装满松软大面包的方盘子。

热面包的香气飘出,两个男人都深深吸了一口气。年轻人轻声感叹道:"真香啊。"

老人转过头问我:"你吃早餐了吗?"

"没有。"

"那坐下来一起吃吧。"

就这样,我们一起走到包装箱前,围坐在地上。年轻人问我:"你也是来摘棉花的吗?"

"不是的。"

"我们已经摘了十二天棉花了。"年轻人说。

> 联系上下文,他们反应冷淡是因为还处在没睡醒的状态。

> 老人主动问"我",表现了他的热情。

斯坦贝克

女人在炉子那头说："他们甚至还做了一身新衣服。"

两个男人看了看身上的新衣服，嘴角露出浅浅的微笑。

✏️ 表明他们辛勤劳动有了回报，两人对此感到十分满足。

女人又摆上一碟培根，一盘松软的黑面包，一碗培根肉汁和一壶咖啡。忙完后，女人和我们一同坐在包装箱旁。婴儿依然被女人的背心包着头，舒服暖和地吸着奶。我听到了婴儿的吮吸声。

我们都给自己的盘子盛满食物，给面包浇上培根肉汁，往咖啡里加糖。老人往嘴里塞了满满当当的食物，他不停地嚼啊嚼，咀嚼了好久才咽下去。吃了这么一大口后，他满足地说道："感谢上帝，这真是太美味了。"接着他又往嘴里塞满了食物。

年轻人说："这十二天我们都吃得很丰盛。"

每个人都狼吞虎咽，吃得很快。我们不断往盘子里装满食物，很快又吃了个精光，最后每个人都吃得很饱，身子也变得很暖。苦涩的热咖啡把我们的喉咙烫得热乎乎的。我们把杯底最后一点儿咖啡，连同咖啡渣泼到地上，重新倒满。

清晨单调的光线现在有了色彩，微红的亮光似乎使空气变得更加寒冷。两个男人面朝东方，脸庞被晨光照亮。我抬头望了一会儿，看见老人的眼睛里倒映着山峦，山峦后渐渐升起的亮光，也投射在

7

他的眼底。

他俩把杯子里的咖啡渣泼在地上，站了起来。"我们该走了。"老人说。

年轻人对我说："你要是想摘棉花，我们可以给你搭把手。"

> 年轻人的话再次表现了他们的热情。

"不用啦，我也该走了。谢谢你们的早餐。"

老人摆了摆手说："不客气，很高兴和你一起用餐。"接着，他们一起离开了。东方的天际此时正闪烁着耀眼的光。我顺着乡间小路继续向前走。

> "耀眼的光"与前文光线展现的单调的暗色形成对比，衬托"我"内心的温暖。

事情就是这样。当然，我知道是什么令我感到愉快，但故事中某些美妙非凡的地方，每当我回忆起这件事时，心里都感到暖洋洋的。

阅读小助手

这篇小说用一顿早餐展现了人与人之间温馨的关系。独自走在山里的"我"，被刺骨的寒气侵袭，心情也格外沉重。偶然遇到了上山采棉花的一家人，他们生活并不富裕，但是仍热情地招待"我"这个不速之客，还与"我"分享一顿丰富的早餐，驱散"我"身体和心里的寒冷，表现了劳动人民勤劳朴实、热情好客的形象。这件事让"我"一直念念不忘，带给"我"奇妙、温馨的回忆。

斯坦贝克

人民的首领

徐宝容/译

周六下午，牧场工人比利·巴克正在将去年剩下的干草垛堆在一起，用耙子叉起一小堆湿草扔过铁丝网，投喂几头兴致不高的牛。天空中一朵朵小小的云彩，像炮弹发射时冒出来的浓烟，三月柔和的风将它们吹往东边。风在山脊的灌木丛里呼呼直响，但牧场里却没有一点儿风。

✏️ 比喻。形容云彩又小又浓密。

男孩乔迪从屋子里走出来，嘴里嚼着一块厚厚的黄油面包。看见比利在耙剩下的干草垛，乔迪拖着鞋走了过去。虽然家人告诫过他，这样走路会磨坏皮鞋，可他依旧不改。乔迪经过一棵黑柏树时，树上的白鸽慌乱地飞起来，绕着树盘旋几圈，才又停在树上。一只半大的花斑猫从工棚的门廊上跳下来，小猫摆动着僵硬的步子，跑到马路对面，转了一圈又急匆匆地跑回来。乔迪捡起一块石头，打算逗逗那只猫，可惜他动作迟了点儿，还没来得及把石头扔出去，那只猫就已经跑到门廊下面了。于是他把石头扔到黑柏树上，白鸽又绕着树飞起来。

✏️ 一句话就表现出男孩乔迪不听话、调皮捣蛋的性格。

9

诺奖作家给孩子的阅读课·情感启蒙

✏️ 本段用白描的手法为读者展现了一位老实肯干的中年工人的形象。

乔迪走到那堆叉完的干草堆前,靠在带刺的铁丝网上。"就剩这些了吗?"乔迪问道。

比利已经人到中年,他正在仔细地耙着草,听到乔迪的问话,停了下来,将耙子插进地里。他摘下黑帽子,捋了捋头发回答道:"没受潮的都在这儿了。"他又戴上帽子,搓了搓皮革一样干燥粗糙的双手。

"应该有很多老鼠吧。"乔迪问。

"那可不,简直多得要命,"比利说,"到处都是老鼠。"

"等你干完活,我把狗带来让它抓老鼠。"

"行,你把狗带来吧。"比利·巴克说完,又往地上叉起一堆湿草,朝铁丝网扔过去。顿时,三只老鼠蹿出来,接着又拼命地钻到干草底下。

乔迪满意地叹了口气。这群胖乎乎、光溜溜、得意扬扬的老鼠死定了。它们在干草堆里生活繁殖了八个月。它们不怕猫和陷阱,也不怕毒药和乔迪本人。它们沾沾自喜地认为这个地方安全极了,于是变得傲慢且肥胖。但现在它们大难临头了,绝不会活到明天。

✏️ 虽然父亲还没有正式出现,但从这简洁的对话能看出父亲掌握着农场各项事务的话语权。

比利抬头望向牧场周围的山。"抓老鼠之前,你最好先问问你父亲。"他建议道。

"他在哪儿?我现在就去问他。"

10

斯坦贝克

"他吃完饭后骑马去了山脊牧场，应该很快就会回来。"

乔迪一屁股坐在篱笆柱上嘟囔："不问他也没关系。"

比利回去继续工作，警告乔迪说："你最好还是问问他，你知道他这个人……"

乔迪当然知道。农场上的事情，不论大小，都必须经过他的父亲卡尔·蒂夫林的批准。乔迪靠在柱子上，身子向下垂，直到坐在地上。他抬头看着被风吹起的一小团云。"会下雨吗，比利？"

"有可能。起风了，但风还不够大。"

"好吧，希望能在我杀了那些该死的老鼠后再下雨。"他回头看了一眼比利，看看他是否注意到自己用了大人的粗鲁话。但比利埋头工作着，没有发表任何评论。

乔迪转身望向山坡，那里建有通往外面世界的路。三月的阳光将山坡照得亮闪闪的。灌木丛里长着银蓟、蓝羽扇豆和几朵罂粟(yīng sù)花。目光移至半山腰，乔迪看见黑狗双树正在挖松鼠洞。它边刨边蹬着前腿往后踢出泥土，它挖得很认真，虽然它知道没有狗在洞里抓到过松鼠。

乔迪就这么看着它挖洞，突然，那条黑狗停了下来，它从洞里爬出来，向后退，看向山上公路穿

✏ 乔迪对外面的世界充满着向往。

✏ 承上启下，通过描写黑狗的动作，推动小说情节的发展，过渡得很自然。

11

过的地方，乔迪也抬起头。骑在马背上的卡尔·蒂夫林在苍白的天空下显得格外醒目，他沿着马路向房子的方向骑去，手里拿着一份白色的文件。

"他收到一封信。"乔迪大喊着站起来。他向牧场的房子跑去，父亲可能会大声读出那封信，他想去听。他比父亲先一步进到屋内，听到父亲从嘎吱作响的马鞍上下来。卡尔拍了拍马，把它送到马厩门口，比利在那里卸下马鞍，把马牵进马厩里。

> 比利刚才还在耙干草，现在已经帮忙卸马鞍，比利踏实肯干的形象又被凸显出来了。

"我们有一封信！"乔迪跑进厨房喊道。

乔迪的母亲正在收拾豆子，抬头问："谁有信？"

"父亲有，我看到了。"

卡尔大步走进厨房，乔迪的母亲问："卡尔，这封信是谁寄来的？"

他皱起眉头问："你怎么知道有一封信？"

她朝男孩的方向点了点头："'了不起'的乔迪告诉我的。"

乔迪很尴尬。

> 这里乔迪的父母明显在说反话，讽刺乔迪多管闲事。

卡尔轻蔑地看着他："他正在成为一个'了不起'的人。除了他自己，任何人、任何事他都要管。"

蒂夫林太太打圆场说："好啦，他没事可忙。这封信是谁寄来的？"

斯坦贝克

　　卡尔不悦地看着乔迪说："如果他不小心，我会让他忙起来的。"随后，他拿出一封密封的信交给蒂夫林太太，说道："我猜是你父亲寄来的。"

　　蒂夫林太太取下头发上的发夹，用它裁开信封。她噘起嘴唇，聚精会神地读着信，乔迪看着她一行行地向下读。"他说，"蒂夫林太太对乔迪说，"他说他周六要过来住几天。可今天就是周六了，信肯定是送晚了。"她看了眼邮戳，"这封信是前天寄出的，它昨天就该到了。"她感到疑惑不解，抬起头看着她的丈夫，然后她的脸生气地沉了下来，"你这表情是什么意思？他又不常来。"

✏️ 虽没有直接描写乔迪父亲的表情，但从乔迪母亲的语气也能知道他的不情愿。

　　卡尔将目光从她愤怒的脸上移开。他大多数时候能严肃地对她，但当她发脾气时，他可拿她没法子。

　　"你怎么回事？"她又问。

　　卡尔用乔迪道歉时的语气支支吾吾地解释："你父亲话太多了，说个不停。"

　　"那又怎样，你也得说话吧。"

　　"是这样没错，但你父亲只会来回说一件事。"

　　"印第安人！"乔迪兴奋地插嘴说，"印第安人和穿越平原！"

✏️ 指的是19世纪美国向西部地区移民，乔迪的外公是当时某一支移民队伍的首领。移民期间，乔迪的外公他们与当地的印第安人产生了一些纠葛。

卡尔生气地朝他喊:"你出去,'了不起'先生!出去!马上出去!"

乔迪气馁地从后门走出去,小心翼翼地关上屏风。乔迪走到厨房窗户旁边,他眼睛里尽是沮丧与羞愧。当他低垂双眼时,发现一块形状奇怪但十分迷人的石头,他蹲下捡起石头,拿在手里不住地把玩。

> 明明还在伤心,却马上被石头吸引,表现乔迪的孩子气。

透过敞开的厨房窗户,乔迪能清楚地听到父母的谈话声。"乔迪说得很对,"他听到父亲说,"就是印第安人和穿越平原。关于马怎么被赶走的那个故事,我都听上千遍了。他就这样一直说一直说,说着相同的故事,一个字都不改。"

蒂夫林太太回答时,语气大变。站在窗外把玩石头的乔迪不由得抬起头来。她的声音变得很柔和,仿佛在解释,乔迪想象她的表情也变得柔和。她平静地说:"你这样想,卡尔。那是我父亲生命中最重要的事。他领着一列马车穿越平原,来到海边,当这件事结束时,他的生命也结束了。这对他来说是件大事,但这件事不可能永远做下去。你想想!"她继续说道,"他也许是为这件事而生,当他完成后,除了回忆和讲述它,他没什么能做的了。如果能再往西走,他早就走了。他亲口告诉我的。但最后大海出现了,他只能停下来,住在

> 乔迪的母亲试图通过讲述她父亲不幸的经历获得丈夫的理解。

14

海边。"

蒂夫林太太柔和的声音环绕在卡尔耳畔，试图说服他。

"我曾见过他俯视着西方的海洋，"卡尔轻声认同道，声音有些尖锐，"然后他去了'太平洋格罗夫'的马蹄俱乐部，告诉人们印第安人是如何驱赶马匹的。"

她试图再次说服他："是的，这件事是他的一切。你可以试着对他耐心点，假装听他说话。"

卡尔不耐烦地转过身去。"好吧，如果我假装不下去，我还可以去工棚和比利待在一起。"他不悦地说。随后他穿过房子，"砰"的一声关上了前门。

> 卡尔的不耐烦表现得很明显，为后文的冲突做铺垫。

乔迪跑出去干活。他把谷物撒给鸡吃，没有去追它们，还从鸡窝里拾了鸡蛋。他抱着木柴小跑进屋，小心翼翼地把木柴放在木柴箱里，两抱木柴几乎就把箱子装得满满的。

他的母亲已经收拾完豆子。她挑了挑炉火，用火鸡羽毛做成的刷子扫了扫炉顶。乔迪小心翼翼地看着她，想知道她是否还对他有怨气。"外公今天来吗？"乔迪问道。

"他的信上是这么说的。"

"我最好去路上迎迎他。"

蒂夫林太太"啪"的一声关上炉盖。"那太好了,"她说,"他会很高兴有人去接他的。"

"那我这就去接他。"

乔迪来到屋外,对狗尖声吹着口哨。"走,上山去。"他命令道。那两条狗摇着尾巴向前跑去。路边的鼠尾草冒出新尖儿。乔迪掐断几片嫩尖,在手上揉搓,空气中弥漫着刺鼻的鼠尾草味。两条狗突然从路边跑远,一头钻进灌木丛里,追赶一只兔子。之后乔迪就没再见到它们,因为它们没能抓住兔子,便径直跑回家了。

乔迪吃力地爬上小山,向山脊顶部走去。下午当他走到狭隘的山路上时,风吹起他的头发,弄乱了他的衬衫。他俯瞰下面的小山和山脊,随后眺望广阔的、充满绿意的萨利纳斯山谷。他可以看到远处平原上洁白的萨利纳斯小镇,以及夕阳映照在玻璃窗上的闪光。<u>在他正下方的一棵橡树上,乌鸦们正在开会。</u>树枝上站满黑漆漆的乌鸦,它们叫个不停。这时,乔迪的视线顺着山脊往山下的车道望去,车道在一座小山后面不见了,又从山的另一边出现。在那条车道的远处,他看见一匹栗色的马拉着车慢慢地前行。马车消失在小山后面。乔迪坐在地上,看着马车会再次出现的地方。风在山顶呼啸,一簇簇云团随风往东急速飘去。

✏️ 用拟人的手法来表现乌鸦的吵闹,形象生动。

斯坦贝克

这时，马车再次进入视野，随即停了下来。一个身穿黑衣的男人从车上跳下来，走到马头前。虽然离得很远，但乔迪知道他正在解马缰绳，因为马向前垂着头。马继续前进，那个人走在马的旁边，慢慢地爬上山。乔迪高兴地叫喊着，冲下山跑向他。受惊的松鼠从路边逃开，一只走鹃摇摆着尾巴，跑上山坡，像滑翔机一样飞了出去。

> 走鹃是北美最大的杜鹃鸟，非常擅长奔跑，速度非常快，每分钟可以跑500多米。

乔迪每走一步都试图踩到自己影子的中间。一块石头滚到他脚下，他摔倒了。他爬起来跑着转过一个小弯，他的外公和马车就在前方不远处。男孩觉得跑过去不体面，便停下脚步，端庄地向前走。

马步履蹒跚地爬上山，老人仍然走在马的旁边。在落日的余晖中，他们身后的影子被拉得又黑又大。外公穿着一套黑色绒面呢西装，脚蹬一双系带半筒靴，短硬的领子上系着黑色领带。他手里拿着一顶黑色无檐帽，白胡子剪得很短，白色的眉毛垂在眼睛上方，很像胡子，那双蓝眼睛透着愉快，却不失严肃。他的脸和身材有一种花岗岩般的庄严，每一个动作都显得不可思议。一旦安静下来，老人似乎就变成石头，再也不会动了。他的脚步缓慢但坚定，迈出去一步，永不后退；选择了方向，永不改变，不紧不慢地前进。

> 形容行走缓慢，迈步不稳的样子。

乔迪在拐角处出现的时候，外公慢慢地挥动手

17

里的帽子打招呼，他叫道："哎呀，乔迪！来接我的，是吗？"

乔迪侧着身走过去，转过拐角，迈着和老人相同的步伐，挺直身体，拖动着脚跟。"是的，外公，"他说，"我们今天才收到您的信。"

"它昨天就该到的，"外公说，"昨天就该到的。大家都好吗？"

> 同一句话说了两遍，说明了外公对送信迟到的不满，暗含对新一代人的失望。

"他们很好。"他犹豫一下，腼腆地建议道，"外公，您愿意明天和我一起去捉老鼠吗？"

"捉老鼠，乔迪？"外公笑了，"这一代人已经沦落到猎捕老鼠了吗？虽然新的这一代人不强壮，但我没想到他们会把老鼠当猎物。"

"不，外公，只是玩玩而已。草堆没了，我要把老鼠赶出来喂狗。您可以在旁边看着，也可以拍拍草。"

那双严肃而愉快的眼睛朝下看着他，说道："我明白了。你们不是要吃老鼠。你们还没到那一步。"

乔迪解释说："狗会把老鼠吃了，外公。我想这和打印第安人不一样。"

> 讽刺美国白人军队的暴行。

"不一样。但后来，军队在追捕印第安人时，连儿童也不放过，帐篷也要焚烧，这和你猎捕老鼠没有太大区别。"

斯坦贝克

他们爬到山顶，又往山下的牧场高地走去，太阳逐渐落下。"你长高了，"外公说，"依我看，长了快一英寸。"

> 英美制中长度单位。1英寸约合2.54厘米。

"不止呢，"乔迪夸大地说，"从他们在门上给我画的身高线看，感恩节以来我长了一英寸多。"

外公用低沉嘶哑的声音说道："也许你水喝太多了，都进到骨髓和茎部里了。等你长大了我们再看。"

乔迪快速地看了眼老人，想确定他是否知道自己受到了伤害，但是他那双锐利的蓝眼睛里没有伤人或惩罚人的意思，也没有"给你点颜色瞧瞧"的意思。"我们可以杀头猪。"乔迪建议道。

> 乔迪因外公的话而受伤，但外公没有发现。说明外公说话时不在意其他人的感受，呼应下文乔迪父亲对他的抱怨。

"哦，不！我不能让你这么做。你只是在迁就我。现在不是时候，你是知道的。"

"外公，您还记得那头大公猪赖利吗？"

"是的，我记得赖利。"

"嗯，赖利在草堆上啃了个洞，上面的草塌下来压在它身上，把它闷死了。"

"猪一有机会就会那样做。"外公说。

"赖利是一头不错的公猪，我有时骑着它，它也不介意。"

他们前方出现一栋房子，坐落在山脚下，只听房门"砰"的一声被关上，乔迪的母亲站在门廊上

19

挥舞着围裙欢迎他们。他们看到卡尔·蒂夫林正从马厩里出来，准备到房子门口迎接他们。

这时太阳已经落下。房子的烟囱里冒出青烟，层层叠叠地悬挂在夜色初降的牧场高地上空。风逐渐减弱，一团团云无精打采地挂在天上。

> 拟人句，形容云彩因风力减弱逐渐停止飘动。

比利·巴克从工棚里出来，把一盆肥皂水泼在地上。因为比利很尊敬外公，所以没到周末他就理了胡子。外公说过新的一代中还硬气的男人没有几个，比利就是其中之一。虽然比利已经中年，外公仍然把他当孩子看待。比利也急忙朝房子走去。

当乔迪和外公到来时，三个人已在房子门口等着他们。

卡尔说："您好，我们一直在等您呢。"

蒂夫林太太吻了吻外公的脸颊，站在他的身边，外公用宽厚的手拍拍她的肩膀。比利郑重地上前和外公握手，蓄着淡黄色八字胡的他开心地咧着嘴笑。"我给您牵马。"比利说，然后把马车拉走了。

外面，大飞蛾轻声撞在餐室窗户外边的玻璃上。

> 文中多处描写大飞蛾，营造紧张氛围。

外公看着他离开，转身对大家说了那句已经说过上百遍的话："他是个好孩子。我认识他的父亲，'骡尾巴'老巴克。我搞不懂为什么叫他骡尾巴，他只是用骡子运货而已。"

蒂夫林太太转过身领着大家进屋。"你打算待多久，爸爸？你的信里没说。"

"啊，我不知道。我想在这里待两周，但我应该待不了那么久。"

不一会儿，他们就坐在铺着白油布的桌旁吃晚饭。桌子上方悬挂着一盏煤油灯。餐厅窗外，大飞蛾轻轻地撞击着玻璃。

外公把牛排切成小块，慢慢地咀嚼。"我饿极了，"他说，"驾车来这里让我饥肠辘辘。就像以前我们穿越平原一样，那时候我们每晚都饿得要命，心急地等着肉烤熟。我每晚能吃下五磅水牛肉。"

英美制质量或重量单位。1磅约合0.45千克。

"因为总是在赶路，对吧？"比利说，"我父亲是给政府运货的。我小时候跟他一起运货，我们两个人就能解决掉一只鹿腿。"

"我认识你的父亲，比利，"外公说，"他是个好人。他们称呼他'骡尾巴'巴克。我搞不懂为什么这样叫他，他只是用骡子运货而已。"

这句话重复说了两遍，塑造了一个唠叨的老人形象，证实了乔迪父亲前面的抱怨。

"对啊，"比利同意道，"他只是用骡子运货。"

外公放下刀叉，看了一圈餐桌旁的大家。"我记得有一次我们的肉被吃光了——"他的声音压得

> 说明食物已经极度短缺。

极低，甚至有点儿怪异，这种音调意味着故事开讲了，"没有水牛，没有羚羊，连兔子也没有。猎人甚至猎不到一匹狼。这时候作为首领，我不得不提高警惕。我一直睁大眼睛盯着。你们知道为什么吗？唉，人饿极了的时候，会盯上车队的公牛。你们相信吗？我听说有些队伍把拉货的牲口都吃了。从队伍中间的牲口开始，往两边蔓延，最后是首领的一对牲口。他们连拉车的牲口都不放过。首领就得警惕这种事情的发生。"

> 拉车的牲口一般是马，比拉货的牛、驴等牲口要珍贵。另外，若是拉车的牲口被吃，队伍就无法穿越平原。

不知怎么的，大飞蛾飞进屋内，扑在悬挂着的煤油灯周围。比利站起来，试着用双手拍打它。卡尔伸手抓住飞蛾并消灭了它。他走到窗前，把它扔了出去。

"正如我所说的。"外公继续说。

但卡尔打断了他的话："您最好再吃点肉。我们准备吃布丁了。"

乔迪看见母亲眼中闪过一丝愤怒。外公拿起刀叉。"我很饿。好吧，"他说，"我以后再跟你们讲。"

晚饭后，卡尔全家和比利·巴克来到另一个房间，坐在炉子前，乔迪追切地看着外公。他看到了他熟悉的那个画面：大胡子脑袋向前倾；那双眼睛不再严厉，好奇地看着炉火；瘦长的手指交叉着放

斯坦贝克

在黑裤子的膝盖上。

"我不知道,"外公再次说,"我不知道我有没有跟你们讲过,那些擅长偷窃的派尤特人是如何赶走我们的三十五匹马的。"

"我记得您说过,"卡尔打断他,"不就是你们进入塔霍湖地区之前发生的事吗?"

外公急忙对他女婿说:"没错,我想我一定跟你讲过那个故事。"

"讲过很多遍。"卡尔避开妻子的目光,冷冷地说。他感觉到一双愤怒的眼睛盯着他,于是他补充说了一句:"当然,我愿意再听一遍。"

外公回头盯着炉火,他那已经松开的手指再次交叉在一起。乔迪知道外公内心的感受,他内心崩溃了,空荡荡的。那天下午乔迪不是被父母叫作"了不起"吗?他决定当一次英雄,才配得起"了不起"这个名称。"外公,给我们讲讲印第安人的故事吧。"他轻声说。

外公的眼神又严肃起来:"孩子们总是喜欢听印第安人的故事。这是大人的故事,可孩子们总想听。好吧,让我想想,我有没有讲过我为何让每辆马车都装一块长铁板?"

除了乔迪,大家都保持沉默。乔迪说:"不,您没讲过。"

外公手上的动作是他内心的写照,由松开到再次交叉,也是内心从信任到失望的一种表现。

23

"嗯，当印第安人袭击我们时，我们总是把马车围成一个圈，躲在车轮中间向他们进攻。我想，要是每辆马车上都有一块长铁板，板上留出步枪孔，那么，当马车围成一圈时，人们就可以把铁板放在车轮外面，用以防身。这是个保命的法子，即使铁板增加了重量，也很值得，但是队员们不想这么干。其他的队伍从来没有人这么干过，他们不明白为什么带个碍事的铁板。后来他们也后悔了。"

乔迪看看母亲，从她的表情就知道她根本没在听，卡尔搓了搓拇指上的老茧，比利·巴克看着一只蜘蛛在墙上爬。

外公的声音切换到讲故事的语调。乔迪事先就知道这是个什么样的故事。外公单调乏味地讲啊讲，讲到进攻时，语速会加快；讲到受伤时，声音很悲伤；讲到平原上的葬礼时，语调像在哀悼。乔迪安静地坐着，望着外公。那双严肃的蓝眼睛很平静，好像他对这个故事也不太感兴趣。

当故事讲完后，大家礼貌地等了一会儿，以示对讲述者的尊重，随后，比利·巴克站起来，伸展一下身体，理顺裤子。"我得去睡觉了，"然后他对外公说，"我有一个旧的牛角火药筒、一根火枪雷管和一支弹丸手枪在工棚。我给您看过吗？"

从三个人的反应可知，这个故事应该讲了很多遍，现在没人想听。

斯坦贝克

外公慢慢地点点头说:"是的,我记得你给我看过,比利。这让我想起我带领大家过河时佩带的手枪。"比利礼貌地站着,直到外公讲完这个小故事,才道了声"晚安",走出屋子。

卡尔·蒂夫林试图转移话题:"从这里到蒙特雷地区怎么样?我听说那里很干燥。"

"是的,"外公说,"拉古纳湖没有一滴水。但比1887年好点儿,当时整个地区的作物旱得一搓就变成粉末。我还记得1861年所有的狼都饿死了。今年亏得还下了十五英寸的雨。"

> 外公提到的年份都是在穿越平原期间,说明当时环境十分艰苦。

"没错,可惜下得太早了,现在才是最需要雨水的时候。"卡尔的目光落在乔迪身上,"你还不去睡觉吗?"

乔迪随即站起来说:"爸爸,我可以去草堆里捉老鼠吗?"

"老鼠?哦!当然,把它们都除掉。比利说已经没有好干草了。"

乔迪偷偷和外公交换了一个满意的眼神。"我明天会除掉所有的老鼠。"他答应道。

乔迪躺在床上,想着印第安人和水牛的世界,那个不复存在、现在无法想象的世界。他希望自己能生活在那个英雄时代,但他知道自己没有英雄气概。现在活着的人,可能除了比利·巴克,没有人

25

> 比喻描写。把车队比作蜈蚣，形容车队长，穿行速度快。

有资格去做那些英雄般的事业。生活在英雄时代的人都是巨人，他们无所畏惧，坚韧不拔，然而如今已没有这样的人了。乔迪想到广阔的平原，想到像蜈蚣一样横穿平原的车队，想到外公骑在一匹高大的白马上，统领着队伍。巨大的幽灵在乔迪的脑海中游走，他们离开大地，随后消失了。

这时，他的思绪回到现实中的农场。他听见寂静广阔的农场传来沉闷、急促的声音。他还听见狗窝里有一条狗在抓跳蚤，每抓一次它的胳膊肘都会撞到地板。继而风又起来了，黑色的柏树沙沙作响。乔迪睡着了。

在提示早饭时间的三角铁敲响的半个小时前，乔迪就起床了。他经过厨房的时候，母亲正在戳炉火，为了让火大一点儿。"你起得真早，"她说，"要去哪儿？"

"出去找根好棍子，我们今天要去捉老鼠。"

"我们？还有谁？"

"还能有谁，当然是外公和我。"

"你让他跟你一起去。你总是喜欢有人和你一起，分担你的过错。"

"我马上回来，"乔迪说，"我想在早饭前找到一根好棍子。"

他随后关上纱门，出去了。早晨的风十分凉

斯坦贝克

爽，天空还呈现出蔚蓝色。早起的鸟儿叽叽喳喳地叫着，牧场的猫像蛇似的从山上冲下来。它们一直在黑暗中捉地鼠，四只猫已经吃了一肚子的鼠肉，但还是围坐在后门，可怜巴巴地喵喵叫着要喝牛奶。黑狗双树和大个子沿着灌木丛的边缘嗅着，一本正经地履行职责，但是当乔迪吹口哨时，它们就猛地抬起头，拼命摆动尾巴，跑到乔迪身边，边扭动着身体边哈气。乔迪拍拍它们的脑袋，以示对它们工作的肯定，然后走向那一堆露天的废料。他找到一把旧扫帚柄和一小块一英寸见方的废木头。他从口袋里掏出一根鞋带，把废木头的末端松松地绑在扫帚柄上，做成一把<u>连枷</u>。他把这个新制武器在空中挥了挥，尝试着敲打地面，狗被吓得跳到一边，发出惊恐的呜咽声。

  乔迪转过身，穿过房子，朝干草堆走去，想看看接下来的战场。但是一直坐在后门台阶的比利·巴克朝他喊道："你最好先回来，还有几分钟就吃早饭了。"

  乔迪转身朝房子走去。他把连枷靠在台阶上。"这是赶老鼠的工具，"他说，"我敢打赌这些被养肥的老鼠不知道自己今天会面临什么事情。"

  "不，你也不知道，"比利的话充满哲理，"我也不知道，谁也不知道。"

📖 一种手工脱粒农具。由手柄及敲杆、铰链构成。操作者持柄使敲杆绕铰链轴旋转，敲击铺在地面上的作物穗荚，使籽粒脱落。

27

乔迪被这句话吓得不轻。他明白比利说得对。他从捉老鼠游戏的想象中抽离出来。这时他的母亲从后门廊走出来，敲打着三角铁，搅乱了乔迪的想法。

他们坐下时，外公还没过来。比利看了看外公的空座位担心地询问道："他没事吧？没生病吧？"

"他穿衣服比较费时间，"蒂夫林太太说，"他要整理胡子，擦鞋子，熨平衣服。"

卡尔把糖撒在粥上说："率领一支车队穿越平原的人，必须得注重自己的形象。"

蒂夫林太太生气地说："别这样，卡尔！请不要这样！"她的语气里威胁多于请求。这种态度让卡尔也愤怒了。

"好吧，我还要听多少次铁板和三十五匹马的故事？那个时代早就结束了。既然都结束了，他为什么就不能忘记那些事？"他越说越生气，声音也越来越大，"他为什么偏要一遍遍地讲个没完？他穿越平原，很好！但这件事早结束了，谁也不想一遍遍地听。"

厨房的门轻轻地关上了。坐在桌子旁的四个人沉默地坐着。卡尔把汤匙放在桌上，用手摸了摸下巴。

✏️ 矛盾终于爆发，推动故事发展。

这时，厨房的门开了，外公走进来。他尴尬地笑了笑，眼睛眯着。"早上好。"他说，然后坐下来看着他盘子里的粥。

卡尔收回摸下巴的手指，问道："您……您听到我说的话了吗？"

外公点了点头。

"我不知道我怎么了，爸爸，我不是故意的，我只是在开玩笑。"

乔迪怯懦地看着母亲，发现她正看着卡尔，吓得他大气不敢出。爸爸这些话太可怕了，简直要把自己撕成碎片。在乔迪看来，收回自己的话就够糟糕的了，但羞愧地收回自己的话更是糟糕透顶。

✎ 乔迪认为人应该对自己的话负责，父亲的举动让他震惊。

外公侧过脸去。"我试着让自己正视现实，"他温和地说，"我没有生气，我不介意你说的话。可能真像你说的那样，我会注意的。"

"那不是真的，"卡尔说，"我今天早上感觉不舒服。我很抱歉我说了那样的话。"

"别抱歉，卡尔。上年纪的人有时候会看不清事情。也许你是对的。穿越平原这件事早已结束。已经结束的事情，也许我应该忘掉。"

卡尔从桌边站起来说："我已经吃饱了。我要去干活了。你慢慢吃，比利！"他快步走出餐厅。比利狼吞虎咽地吃完饭，跟了上去。但乔迪没有离

📖 像狼和虎那样吞咽东西。形容吃东西又急又猛的样子。

29

开他的椅子。

"您不再讲故事了吗?"乔迪问。

"嗯,我当然会讲,但只有在——我确信人们想听的时候。"

"我想听,外公。"

"哦!我知道你想听,但你是个孩子。这是大人的故事,却只有孩子想听。"

乔迪也从桌边站起来说:"我在外面等您,外公。我做了一个赶老鼠的新连枷。"

乔迪在门口等着,不久老人来到门廊上。"我们去捉老鼠吧。"乔迪喊道。

"我想我还是坐着晒太阳吧,乔迪,你去捉老鼠吧。"

"您愿意的话,这个连枷给您。"

"不了,我就在这儿坐一会儿。"

✏️ 乔迪的纠结全都表现了出来,最终他选择返回家里。

乔迪郁闷地转过身,朝着旧草堆走去。他试着通过赶走肥老鼠来找回兴致,不停地用连枷击打地面。狗朝着他哀嚎,仿佛在呼唤他过去,但他不想去。他返回家里,发现外公坐在门廊上,看上去瘦小而黝黑。

乔迪放弃捉老鼠,走上前去,坐在外祖父脚边的台阶上。

"这就回来了?老鼠都捉完了吗?"

斯坦贝克

"没有，外公。我改天再捉它们。"

早晨的苍蝇嗡嗡地在空中低飞，蚂蚁在台阶前爬来爬去。鼠尾草刺鼻的味道从山上飘下来。太阳光把门廊的木板照得暖和起来。

乔迪懒洋洋地听着外公说话。"我觉得我不应该待在这里。"外公把目光聚焦在他那双强壮而沧桑的手上，"我觉得穿越平原也没什么价值。"他把目光移向山坡，望着一只正在枯树枝上栖息的鹰，"我讲那些古老的故事，故事本身不是我想要传达的。我只是想通过讲故事让别人能有所启发。"

"重要的不是印第安人，也不是冒险，甚至不是穿越平原到了这里。一群人变成一只巨大的爬行动物。我是首领。它要一直向西。每个人都有自己的想法，但是这只大野兽只能往西走。我是首领，如果我没向西走，就会有别人当首领。队伍总会有首领的。晌午，天空是白色的，灌木丛的影子是黑色的。终于，我们望见了山，我们都哭了。<u>但重要的不是到这里，重要的是继续向西。我们把人群带到这里，就像蚂蚁把卵搬到巢穴。我是首领。西行这件事特别伟大，步伐虽缓慢但越走越远，直到穿越平原。</u>最后，我们来到海边，一切都结束了。"他停下来擦擦眼睛，眼眶被擦得通红，"这才是我

✏️ 外公的这段话表明他想让人们记住当年大移民的光荣和一往无前的精神，可惜现在的人已经不在乎这件事了。

想讲的，而不是故事本身。"

乔迪听完后表示有话想说，外公有些吃惊地看着他。"或许有一天，我也能带领大家西行。"乔迪说。

老人笑了。"现在已经无处可去了。大海会挡你的路。海岸住着一帮老家伙，他们讨厌大海，因为大海挡住了他们。"

"我可以坐船渡海，外公。"

"无处可去，乔迪。所有地方都有人了。但这不是最糟糕的——不，不是最糟糕的。西行在人类世界已经消失。人类不再渴望西行。都结束了。你父亲说得对。一切都结束了。"他把手指交叉放在膝盖上，看着它们。

乔迪感到非常难过，说道："您喝柠檬水吗？我给您做。"

外公正要拒绝，这时他看到了乔迪的神情。"那太好了，"他说，"不错，喝杯柠檬水很不错。"

乔迪跑进厨房，母亲正在那里收拾最后一个早饭用的盘子。"我能拿一个柠檬给外公做一杯柠檬水吗？"

母亲模仿他的口气接着说："再拿一个柠檬给你自己也做一杯。"

> 人类不仅不再渴望西行，也不再渴望冒险，只求安稳。

斯坦贝克

"不，妈妈，我不想喝。"

"乔迪！你生病啦！"她突然顿了顿，"从冰箱里拿一个柠檬吧，"她温柔地说，"来，我把榨汁器拿给你。"

> **阅读小助手**
>
> 小男孩乔迪生活在美国西部的牧场，他对外面的世界充满向往。他心目中的大英雄是外公，外公曾经率领车队穿越平原，寻找新世界。乔迪希望自己能生活在那个英雄时代，幻想未来自己也能带领人们穿越平原。但以父亲为代表的一代人，已经对过去的冒险经历听到厌烦，他认为过好眼前的生活才是最重要的，过去的事情就应该让它过去。但实际上，外公是想用这些故事来让新一代人记住敢于冒险、敢于拼搏的精神。

○ 作家档案

中文名： 泰戈尔

外文名： Rabindranath Tagore

国　籍： 印度

出生日期： 1861年5月7日

逝世日期： 1941年8月7日

认识作者

　　泰戈尔，著名诗人、作家、艺术家、社会活动家。他生于印度加尔各答一个富有的贵族家庭，十三岁的时候就能够创作长诗。青年时代，前往英国学习法律和音乐，但没有完成学业，1880年回到印度，专门从事文学创作活动。

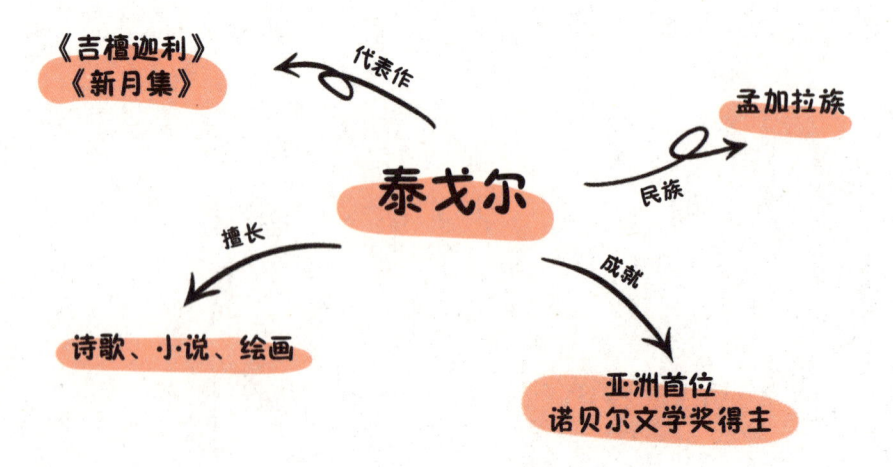

- 《吉檀迦利》《新月集》 ← 代表作 — 泰戈尔
- 泰戈尔 — 民族 → 孟加拉族
- 泰戈尔 — 擅长 → 诗歌、小说、绘画
- 泰戈尔 — 成就 → 亚洲首位诺贝尔文学奖得主

1913年诺贝尔文学奖

获奖理由：
　　由于他那至为敏锐、清新与优美的诗，这诗出于高超的技巧，并由于他自己用英文表达出来，他那充满诗意的思想业已成为西方文学的一部分。

创作风格

　　在人们的印象中，泰戈尔有伟大的"歌手与哲人"的双重身份。泰戈尔的诗歌题材丰富多彩，清新隽永；小说格调新颖，感染力强；戏剧种类繁多，富于哲理意味；歌曲或哀婉缠绵，或威武雄壮，不拘一格。

作文素材

　　有一次，我们梦见大家都是不相识的。我们醒了，却知道我们原是相亲相爱的。《飞鸟集》

　　静静地听，我的心呀，听那"世界"的低语，这是他对你的爱的表示呀。《飞鸟集》

　　我独自在横跨过田地的路上走着，夕阳像一个守财奴似的，正藏起它的最后的金子。《家庭》

破　裂

徐宝容/译

> 开篇写了两人的家庭背景，引出下文。

巴纳马利和喜曼殊的关系很复杂，不过根据家谱还是能推算出来，他们可以算作远房表亲。这两户人家一直是邻居，两户之间只隔着一个花园。因此，即使血缘关系疏远，他们也对彼此非常了解。

巴纳马利比喜曼殊年纪大得多。在喜曼殊还没长出牙齿，还不会开口说话的时候，巴纳马利就常常在早晨和夜晚，抱着喜曼殊在花园里散步，呼吸新鲜空气。巴纳马利会和喜曼殊一起玩，会在他哭泣时安抚他，给他擦眼泪，也会哄他睡觉。事实上，正常成人哄小孩子的那套把戏巴纳马利都做过，摇头晃脑，尖声怪叫，摆出孩子气的动作，有时做出兴奋或害怕的样子，有时表现出夸张的热情。巴纳马利没怎么上过学。他喜欢园艺，喜欢和他的小表弟待在一起。他像呵护一株珍贵稀有的藤蔓一样，悉心照料喜曼殊，向他倾注所有的爱。随着喜曼殊渐渐长大，他像藤蔓一样四处延伸，占据巴纳马利生活的各个角落，巴纳马利认为自己很

> 用像呵护一株珍贵稀有的藤蔓来比喻巴纳马利对喜曼殊的悉心照料，形象生动。

泰戈尔

<u>幸福</u>。

　　有人会为了一个不起眼的念头、一个年幼的小孩，或者一个不知感恩的朋友，献出自己的所有。这样的人可能不多，但确实存在。对他们来说，与浩瀚的宇宙相比，他们的爱可能显得微不足道，但他们乐意为这些东西献出珍贵的一切。即使为此过上贫穷拮据的生活，他们也心甘情愿。他们甚至愿意在某天早晨，将自己的所有财产卖得一干二净，然后上街乞讨。

　　虽然两人的年纪相差很大，血缘关系也不那么亲近，但随着喜曼殊长大，他与巴纳马利建立了深厚的友谊，仿佛不存在年龄差。他们关系能这样亲密是有原因的。喜曼殊长大后学会读书和写字，开始有了强烈的求知欲。他会拿起一本书，坐下就埋头读起来。没错，虽然他读的很多都是没有价值的闲书，但广泛的阅读给他的思想带来全方位的发展。巴纳马利总是用赞赏的态度倾听喜曼殊说话，<u>虚心接受他的建议，同他探讨一切问题，无论问题大小，巴纳马利从不因为喜曼殊是个孩子就忽略他的看法</u>。一个被满满爱意呵护长大的人，用他的知识、智慧和善良赢得他人的尊重，在这个世界上，没有比这样的人更值得珍惜的了。

　　喜曼殊也喜欢园艺。不过，这两个朋友喜欢

> 好的友情是相互尊重、互相理解。

园艺的原因各不相同。巴纳马利是打心底里喜爱摆弄花草，而喜曼殊更多是出于好奇。对巴纳马利来说，培育植物是一种本能。植物对他来说像孩子一样，它们柔弱娇嫩，没有自我意识。它们从不渴求外界的关注，但如果得到足够的关爱，它们就会像孩子一样茁壮成长。在喜曼殊的眼里，植物身上充满各种奇妙的知识。种子的播种，幼苗的发芽，花苞的绽放，花朵的盛开都让他感兴趣。他喜欢研究种植、嫁接、施肥、浇水等知识，巴纳马利总是很乐意听从他的建议。在这片不起眼的花园里，两个朋友齐心协力精心栽培，加以大自然的天然滋养，成功完成了各种植物的分离和嫁接。

> 和植物一样，友谊也是需要栽培和滋养才能继续生长，很有哲理。

正对着花园门口，有一个水泥搭建的小露台。每天四点钟，巴纳马利都会穿着轻便的衣服，披一块皱巴巴的披肩，准时来到露台，拿着烟袋坐在树荫底下。他独自一人坐在那儿，手里没有拿书，也没有拿报纸，只是坐在那儿抽烟，心不在焉地想着什么，双眼微微眯着，左瞧瞧，右看看。烟一圈一圈从烟斗里冒出来，巴纳马利就这么坐着，时间就这样过去了，像这些烟一样慢慢地飘散、破碎，最后消失殆尽，不留一丝痕迹。终于，喜曼殊放学回来了，他吃完点心，简单洗漱完，就赶忙跑向花园。看到喜曼殊，巴纳马利立刻就丢下烟杆，站了

> 情景交融，用烟消逝的过程表达巴纳马利等待喜曼殊时候的心情，见不到喜曼殊时的巴纳马利很空虚。

泰戈尔

起来。很明显，他急切的行动说明了他耐心等待的人是谁。随后两人就在花园里四处晃悠，谈天说地。当天色暗下来，他们就坐在长椅上，听南风吹拂树叶。有时傍晚没有起风，树木静如画卷，抬头望去，满天都是璀璨明亮的星星。

喜曼殊滔滔不绝地说着，巴纳马利则静静地听他说话。即使有些东西他听不懂，他也听得津津有味。那些话若是别人说出来他会生气，可喜曼殊说出来他却觉得非常有趣。多亏有巴纳马利这样一位令人敬佩、心智成熟的听众，喜曼殊的表达能力、记忆力和想象力都得到提升。喜曼殊会和巴纳马利聊起他读过的书，谈论他思考过的事情，他想到什么就说什么。他常常用想象力来弥补自己知识的不足。喜曼殊说的话大多符合逻辑，不过也有很多不着边际的话，但无论他说什么，巴纳马利都会聚精会神地聆听。倾听的过程中，巴纳马利偶尔会插几句话，不管喜曼殊提出什么样的见解，他都会接受。第二天，巴纳马利又继续来到露台，坐在阴凉处抽烟，思考喜曼殊说的话，然后感叹一番。

那段时间，两家人起了冲突。巴纳马利家的花园和喜曼殊家的房子之间有一条排水沟，这条水沟边上长着一棵酸橙树。当酸橙树上的果实成熟时，巴纳马利家的仆人就想去采摘，但喜曼殊家的

> 对比手法，表现巴纳马利对喜曼殊的喜爱。

> 转折，暗示两人关系将走向破裂。

39

> 🖊 形象生动地表现出两家仆人谩骂争吵得厉害。

仆人却不让摘。于是两个仆人激烈地吵起来，如果他们对彼此的谩骂是实实在在的物体，那么他们的谩骂可以填平整个水沟。之后，巴纳马利的父亲哈拉·钱德拉和喜曼殊的父亲戈克尔·钱德拉为此大吵了一架。为争夺这条水沟的所有权，双方向法院提出申诉。双方聘请的金牌律师互不相让，各执一词，进行了长时间的唇枪舌剑。两家人为打官司所花的费用，甚至比洪灾时节流过水渠的洪水还多。

最后，哈拉打赢了官司。法院将水沟的所有权判给他，因此其他人没有采摘酸橙树果实的权利。尽管对方提出上诉，但水沟和酸橙树的所有权仍然归哈拉所有。在法院审理案件期间，巴纳马利和喜曼殊的友谊并没有因此受到干扰。可事实上，巴纳马利为此感到十分焦虑，他不想让这场冲突给他们任何一个人蒙上阴影，所以他更加用心地对待喜曼殊，喜曼殊对他也没有丝毫不满。

哈拉打赢官司的那天，巴纳马利家里，尤其是女人屋里，一片欢腾。可巴纳马利那天晚上却怎么也睡不着。第二天下午，他愁眉苦脸地来到花园的露台，好像遭受了什么重创，尽管这场重创对别人来说无关紧要。时间一点点地流逝，直到六点，都没再见到喜曼殊的踪影。巴纳马利深深地叹了口气，心情沉重地望向喜曼殊家的房子。透过敞开的

泰戈尔

窗户，他看到喜曼殊的校服挂在衣架上，种种熟悉的迹象表明，喜曼殊在家里。巴纳马利放下烟袋，心情十分沮丧，在花园里走来走去，不停地看向喜曼殊家的窗子，可是喜曼殊始终没有出现在花园里。

傍晚，喜曼殊家里亮起了灯光，巴纳马利缓缓地走到喜曼殊家。喜曼殊的父亲正在一扇敞开的门前乘凉。"是谁？"戈克尔说。

巴纳马利吓了一跳，他觉得自己像个被当场抓包的小偷，"是我，叔叔。"他慌张地说。

"你想找谁？"他说，"家里没人。"

听到这话，巴纳马利只好又回到花园，一言不发地坐在那里。天黑以后，他看着喜曼殊家的百叶窗一扇一扇地关上。灯光透过窗缝向外散出来，接着他又看着里面的灯一盏一盏地熄灭。漆黑的夜里，喜曼殊家的房子门窗紧闭，巴纳马利觉得自己被彻底隔绝在外了。他只能孤单一人待在黑夜里，默默地望着他们的房子。

第二天，巴纳马利依旧到花园里坐着，他期待今天喜曼殊能出现。长久以来，他的朋友每天都会来花园里，巴纳马利从没想过他的朋友可能再也不来了。他也从未想过他们之间的友谊会破裂。他一直认为他们的友谊是理所当然的，他根本没有意

> 情景交融。窗户的关闭和灯的熄灭，意味着喜曼殊对巴纳马利的疏远。

41

识到自己已经完全离不开这段友谊。直到现在，他才明白他们友谊的纽带断了。但事情发生得太突然了，让他完全无法接受。

那个周的每一天，巴纳马利都像往常一样到花园里坐着，期待着喜曼殊的到来。遗憾的是，过去那样心照不宣的见面和畅谈再也没有发生过。周日，巴纳马利在想喜曼殊会不会像过去一样，来他家里吃午饭。他不敢确定喜曼殊一定会来，但内心还是止不住地期待。上午过去了，喜曼殊没有来。"他吃完午饭就会过来的。"巴纳马利安慰自己。但午饭过后喜曼殊还是没有来。于是他又安慰自己："可能今天喜曼殊在睡午觉吧，等他睡醒了就会过来的。"不知道喜曼殊几点睡醒，但他始终都没有过来。

黄昏再次降临，夜渐渐深了。喜曼殊家的房门又一扇接一扇地关上，屋子里的灯也一盏接一盏地熄灭。

周一，周二，周三……一周过去了，命运无情地夺走了巴纳马利一周的时光，没有留下一天可以寄托希望的日子——喜曼殊一天都没有来。巴纳马利眼含热泪，悲伤地看着喜曼殊家紧闭的屋子，内心极其痛苦。"我的天哪！"他声嘶力竭地喊道，短短几个字，却承载了他一生的痛苦。

> 彼此心里明白，不必说出来。

泰戈尔

> **阅读小助手**
>
> 　　巴纳马利和喜曼殊是有亲戚关系的邻居，巴纳马利对喜曼殊十分喜爱，他们是关系十分亲密的好朋友。但是因为一条水沟和酸橙树，他们的关系破裂了，巴纳马利再也不能像以前一样与喜曼殊相处了。小说细腻地描写了巴纳马利从期待到失望到痛苦的心理，十分生动，让人感同身受。小说并没有喜曼殊的心理描写，我们无从得知他的想法。如果你们是喜曼殊，你们会怎么做呢？会放弃这段美好的友谊吗？请说说你们的想法吧。

喀布尔人

徐宝容/译

> 开头直接写明米妮的性格，为后文她与喀布尔人有趣的闲聊做铺垫。

我五岁的女儿米妮，整天咿咿呀呀说个不停。她出生后一年，就学会了说话。自从学会说话，除了睡觉，她几乎没有一分钟是在沉默中度过的。她母亲经常训斥她，让她保持安静，但我不这么做。如果米妮静悄悄地一声不吭，这是件很不正常的事，我无法忍受这样的时刻。因此米妮非常喜欢和我聊天。

一天早上，我正准备写小说的第十七章，米妮溜进房间对我说："爸爸，门卫拉蒙达雅管乌鸦叫老鸦，他真是无知，对吧？"我还没来得及向她解释世界语言的多样性，她就立刻开启一个新话题："爸爸，你猜怎么着，博拉竟然说，雨水是从天上大象的鼻子里喷出来的。这简直是在胡说八道！他一天天就知道说瞎话。"米妮依然没等我给出对这件事的看法，她就话锋一转，问道："爸爸，你和妈妈是什么关系呀？"

我心想："这真是个好问题。"但我对她说："你去找博拉玩吧，我还有工作要忙呢。"米妮没

泰戈尔

　　有走，而是挨着书桌坐在我脚边。她敲着膝盖，嘴里开始飞快地念着拍子。我专注地写着小说，小说的第十七章里，男主人公普拉塔普·辛格正在夜幕的掩护下，抱着女主人公坎尚马拉从监狱的高窗跳入下面的河流。

　　书房的窗子是临街的。忽然，米妮停止敲膝盖的游戏，跑到窗边大喊："喀布尔人，喀布尔人！"果然，窗外有个喀布尔人，正慢悠悠地走在大街上。那人身材高大，衣服脏兮兮又松垮垮的，头上围着头巾，肩上背着口袋，手里拿着三四盒葡萄干。

　　很难说清这个喀布尔人的出现，让我亲爱的女儿脑海里产生了什么想法，米妮开始朝他大喊大叫。那个摇来晃去的口袋给我惹了麻烦，我心想："这第十七章，今天是写不完了。"喀布尔人听到米妮的叫喊，微笑着看向我们。但当他朝我们的房子走近时，米妮却倒吸了口气，逃到里屋，消失不见了。米妮稀里糊涂地认为，那个人肩上摇晃的口袋里，装着三四个像她一样的孩子。

　　米妮跑进里屋时，喀布尔人走到窗前，微笑着行礼。尽管我的小说还没写完，男女主角正面临极其严峻的困境，等着我去化解，但我还是决定请喀布尔人进屋，从他那儿买点东西。米妮把人家叫过

喀布尔人的外表和装商品的口袋吓坏了米妮，符合小孩子的心理，因为小孩子总会听到拐卖小孩的恐怖故事。

45

来，如果不买点什么会很无礼。我买了点东西，跟他聊起来。

我们聊了阿卜杜勒·拉赫曼为抗击俄罗斯和英国，维护阿富汗的完整统一所做的努力。当他起身准备离开时，他问我："先生，请问您小女儿去哪儿了？"为了驱散女儿内心毫无根据的恐惧，我把米妮叫出来。她紧贴着我，疑心重重地盯着喀布尔人和他的口袋。喀布尔人递给米妮一些葡萄干和杏干，但她没有接受，反而更加警惕，抱住我膝盖的手抓得更紧了。这是米妮与喀布尔人的第一次见面。

几天后的一个上午，出于某些原因，我得出门一趟。一出家门，我就看见米妮坐在门口的长椅上，正滔滔不绝地说着话。喀布尔人坐在她的脚边，满脸笑意地听着，两个人有说有笑，他时不时用蹩脚的孟加拉语发表自己的见解。在米妮五年的生活经历中，除了我，她还从未遇到过一个如此耐心的听众。我还瞧见，她的小纱丽服衣角上堆满了葡萄干和坚果。我向那喀布尔人说："你怎么给她这么多东西呢？请不要再给她了。"我从口袋里掏出一枚价值半卢比的硬币给他，他毫不犹豫地接过硬币，放进口袋。

我回家后，发现这枚硬币竟引发一场激烈的争

> 米妮从第一次见到喀布尔人时的恐惧到现在两个人有说有笑，一方面说明了她纯真善良，另一方面也从侧面反映出喀布尔人平易近人的特点。

泰戈尔

吵。米妮的母亲手里拿着圆溜溜、闪亮亮的硬币，生气地责问米妮："你这枚硬币从哪儿来的？"

"喀布尔人给我的。"米妮回答。

"你怎么可以拿喀布尔人的钱呢？"

"我没问他要，"米妮泪汪汪地说，"是他自己主动给我的。"

我把米妮从她母亲的怒火里解救出来，把她带出去。后来我才知道，原来这已经不是米妮和喀布尔人第二次见面了。喀布尔人几乎每天都来，他总是用开心果之类的坚果，来收买米妮渴望交谈的心，并成功获得她的信任。我发现，这对伙伴之间有特定的暗号，两人会玩些有趣的游戏，说些开心的俏皮话。比如，米妮一见到拉哈马特，就会咯咯地笑着问他："喀布尔人啊，喀布尔人，你的大口袋里装着什么呢？"拉哈马特会用搞怪的鼻音笑着说："里面装着一头大象。"喀布尔人口袋里藏着一头大象，这好像算不上一句俏皮话，但他们都觉得很有趣。在秋日的早晨，听到一个小孩和一个大人如此开心地放声大笑，我也感到很高兴。

他们还有其他有趣的话题。比如，拉哈马特会对米妮说："小不点，永远不要去你公公家。"大多数孟加拉姑娘，从小就经常听人提起她们的婆家，但我和米妮母亲都是思想开明的人，我们不常

✏️ 喀布尔人对米妮无条件的好，很难不让人怀疑他不怀好意。

47

和女儿谈论她未来的婚姻。因此，米妮不明白拉哈马特的意思。然而沉默不语不是米妮的作风，于是她脑筋一转，反问道："你会去你公公家吗？"拉哈马特朝着空气中不存在的公公挥舞大拳头，他说："我会去好好对付他！"米妮开心地笑着，想象着这个叫公公的神秘生物将遭遇的悲惨下场。

> 这里的"公公"是指姑娘出嫁后的公婆家。

那段日子秋色宜人，在古代，秋季是国王东征西讨的季节。我从来没有离开过加尔各答，但我的思想游走在世界的各个角落。我似乎注定要待在自己的房子里，但我仍时常渴望外面的世界。一听到陌生土地的名字，我的心就会即刻奔往那异域国度。遇见异国他乡的伙伴，我的脑海便会浮现出矗立在远岸或者搭建在丛林的小屋，我会想象自己在那片土地上过着自由的生活。向往外界的同时，我又十分眷恋故土，假如让我离开这片土地，我会因此崩溃。所以，花一上午时间待在书房里，坐在书桌旁和喀布尔人聊天，对我来说是一次心灵旅行。沙漠的羊肠小道，两旁群山遍布。山脉高耸入云，在烈日的炙烤下，呈现出一片焦痕和赤色，山脉严酷险峻，令人望而却步。骆驼满载着货物从小道上经过，商人和旅人们缠着头巾，有的骑着骆驼，有的徒步行走，有的拿着长矛，有的拿着老式火枪。我的这位喀布尔朋友，用他那磕绊结巴的孟加拉语

泰戈尔

谈论着自己的故乡，伴随着他的描述，一幅幅关于这片陌生土地的景象在我眼前浮现。

米妮的母亲是个容易受惊的人。街上的一丝风吹草动都会令她担惊受怕，她认为世上所有的醉汉都在冲向我们家。她有过不好的生活经历，因此她无法消除脑海里的恐惧。她认为这个世界充斥着小偷、强盗、酒鬼、毒蛇、猛虎，充满疟疾¹之类的疾病和毛毛虫、蟑螂之类的害虫，以及肆意掠夺土地的白种人。因此，她对来自喀布尔的拉哈马特抱有敌意。米妮母亲再三叮嘱我要留心拉哈马特。如果我对她的猜疑一笑而过，她就会抛出一连串的问题："你的意思是从来没有孩子失踪过吗？""难道阿富汗没有奴隶买卖吗？""一个阿富汗壮汉不会诱拐一个小孩吗？"我承认这些问题有可能会发生，但我很难相信拉哈马特会做这些事情。人们总是容易受到各种因素的影响，这就是我的妻子如此紧张不安的原因。但我还是觉得，让拉哈马特来我们家没什么不好。

每年一二月中旬，拉哈马特会返回家乡。返乡前，他要挨家挨户地收回欠款，但他依然会抽出时间来看望米妮。看到他们俩待在一起，人们很可能会以为他们在密谋些什么。如果拉哈马特早上来不了，他就会在晚上过来。在漆黑的屋子一角，看到

1 急性传染病，病原体是疟原虫，由蚊子传播，周期性发作。

他瘦瘦长长的身影，衣服松松垮垮地挂在他身上，确实有点儿吓人。但是当米妮跑过去迎接他，笑着喊"喀布尔人啊，喀布尔人"时，当这两个忘年之交开着天真无邪的玩笑时，我的心情也变得明亮起来。

> 多指年岁差别大、行辈不同而交情深厚的朋友。

一天早上，我坐在书房里校对稿子。冬季的最后几天非常寒冷，冻得人发抖。晨光透过窗子照在我伸在桌底的脚上，让我非常温暖快活。大约八点钟，清晨散步的人们，基本上结束他们的晨间漫步，纷纷裹着围巾往家走。就在那时，街道上突然一阵骚动。

我朝窗外望去，只见拉哈马特戴着手铐，被两名警察押着往前走，他们身后跟着一群看热闹的男孩。拉哈马特的衣服上血迹斑斑，一名警察手里拿着一把带有血迹的刀。我出门叫住那名拿刀的警察，问他发生了什么事。据警察和拉哈马特本人所说，附近的一位邻居欠拉哈马特一条产自兰普里的围巾的钱，但他不承认这件事，想通过撒谎摆脱债务，两人争吵的过程中，拉哈马特刺伤了他。

他们从窗前经过时，米妮像往常一样跑出屋子大喊"喀布尔人啊，喀布尔人"，那时，拉哈马特正在恶狠狠地咒骂那个撒谎的欠债人，说着各种不堪入耳的脏话。见到米妮，拉哈马特的脸上露出喜

泰戈尔

悦的神色。那天他没有背口袋，所以他们不能像往常一样讨论口袋里有没有大象了。米妮问他："你要去公公家吗？"

拉哈马特微笑着说："对呀，我现在正要去呢。"但他发现自己的回答没有逗乐米妮，于是他挥舞着戴着手铐的拳头，说："要不是我的手被铐住了，我就去揍他了。"

✏️ 明明是笑着在说话，读着总让人悲伤。

拉哈马特因袭击罪，被判入狱数年，他几乎从我们的记忆里消失了。我依然在原来的房间，日复一日地工作。拉特马哈被人们遗忘，谁也未曾想过那个曾经无拘无束的山民，会怎样度过他的监狱生活。至于米妮，她生性活泼，变化无常，很快就忘记了昔日的同伴。即使作为她的父亲，我也不得不承认，米妮结交新友忘记旧友的行为令人羞愧。刚开始，马夫纳比赢得米妮的喜爱，取代拉哈马特成为米妮的新玩伴。到后来，随着米妮渐渐长大，她不再和男孩一起玩，女孩成了她最爱的玩伴。她甚至不再走进我的书房，我们也渐渐疏远了。

转眼几年过去了，又是一年秋天。米妮的婚期已定，婚礼将在杜尔迦女神节期间举行。当杜尔迦女神回到凯拉斯圣山时，我们引以为傲的宝贝女儿，我们的开心果米妮，也会搬到她丈夫家去，我们的房子会因此黯然失色，我和米妮母亲的生活将

📖 杜尔迦女神节是印度的主要节日之一，也是印度西孟加拉邦人最大的节日。

失去光彩。

那是个美丽的早晨。雨水将阳光洗净，光线明亮炫目似纯金。光辉播撒大地，照亮加尔各答的街道，连那些肮脏破败、拥挤杂乱的居民房都因此抹上一层绚丽的光彩，散发出不同寻常的魅力。一大清早，婚庆的唢呐就在家里吹响了。唢呐忧伤的曲调，与秋日柔和的阳光组合在一起，仿佛来自我胸腔深处，向全世界宣告即将分离的悲伤，我的米妮今天要结婚了。

从黎明开始，人们就不停地忙进忙出，大声嚷嚷着张罗婚事。人们将竹竿绑在一起，在院子里搭起一个遮篷；往房间和阳台挂上吊灯，灯上的水晶相互触碰，发出叮叮当当的脆响。外面不断传来人们开心地大声交谈的声音。

我正坐在书房里记账，这时拉哈马特突然出现在我的面前，向我问好。刚开始我没有认出他。他没背口袋，剪掉了昔日的长发，没了以往的生机与活力。但当他笑起来时，我还是认出了他。

"你好吗，拉哈马特？"我问，"你什么时候过来的？"

"我昨晚出狱的。"他回答。

他的话令我吃了一惊，我从来没有正视过一个杀人犯，看到他，我害怕了。我有种感觉，在这个

📝 再次见到拉哈马特，"我"的担忧也代表了大部分人的想法，没人想让这位喀布尔人留下。

泰戈尔

吉祥的早晨里，我最好把这个人赶走。

"我家今天有点儿事，"我说，"我现在很忙，请您快点走吧。"

拉哈马特转身要走，可是刚走到门口，他犹豫了一下，说："我能见见您的小女儿吗？"

他好像以为米妮还是小时候的样子，以为她还会像以前一样跑过来，喊着"喀布尔人啊，喀布尔人"，以为他们还能像从前一样，互相玩闹嬉戏。他还记得过去米妮喜欢的东西，用纸精心包着一盒葡萄、一些坚果和葡萄干带过来。很显然，这些东西是他从一些阿富汗朋友那儿拿的，他的口袋早就空空如也。

✏️ 细节描写。表现了拉哈马特对米妮的喜爱。

"今天家里有事，"我说，"你谁也见不到。"

拉哈马特看起来很沮丧，他静静地站了一会儿，看了我一眼，表情很严肃，最后他对我说了句"先生再见"就走了。我突然感到很内疚，想把他叫回来，但我看见他自己往回走了。

他说："我给小不点儿带了盒葡萄、一些坚果和葡萄干，请帮我把这些交给她。"我接过这些东西，正准备付钱给他，拉哈马特却突然抓住我的胳膊说："我不要您的钱，先生，我会永远感激您的慷慨和仁慈。就像您有一个宝贝女儿一样，我在家

53

前面的疑团全都解开了，原来拉哈马特对米妮如此喜爱，是因为他也有个和米妮差不多大的女儿，他常年离家，通过与米妮的交流，来缓解自己思念女儿的心情。

乡也有个这么大的闺女。您可爱的女儿，让我想起自己的闺女，所以我给她带些葡萄干吃，我来你们家，不是来卖东西的。"

说完这些，他把手伸进宽大的衬衫里，从胸口掏出一张皱巴巴的纸。拉哈马特小心翼翼地打开那张纸，在我的书桌上用手抹平。那不是一张照片，也不是一幅图画，而是一枚用煤灰印在纸上的小手印。每年，拉哈马特在加尔各答街头卖葡萄干时，他女儿的这个小小纪念物总是装在他的心窝里，陪他走过大街小巷。这样做令他感到慰藉，仿佛有一只柔软、稚嫩的小手，在抚摸他那颗无尽思乡的心。看到这枚小手印，我的眼眶湿润了。那一刻，我无视彼此身份的悬殊，忘记了拉哈马特是卖葡萄干的阿富汗小贩，而我是孟加拉贵族。我明白了拉哈马特和我一样，也是一个父亲。他那住在山里的帕瓦瓦蒂的小手印，让我想起自家的米妮。

我立刻派人把米妮叫过来，大家都反对我这么做，但我无视他们的阻挠。米妮从里屋出来了，她的额头上点着檀香痣，穿着红色丝绸结婚礼服，一副小新娘模样。米妮羞答答地走进房间，站在我身旁。

见到米妮这副样子，一开始，喀布尔人感到

泰戈尔

很困惑，他无法像过去那样嬉皮笑脸地和她打招呼了。沉默了一会儿，他笑着说："小不点儿，你要去你公公家了吗？"

米妮现在已经懂得公公家的意思，听到拉哈马特的问题，她脸红了，害羞地转过头去，不再像以前那样回答。这一幕，让我想起米妮和喀布尔人初次见面的那天，我感到一阵心痛。米妮离开之后，拉哈马特深深地叹了口气，坐在地板上。他突然清楚地认识到，最后一次见到女儿，已是多年以前的事了，他的女儿应该也和米妮一样已经长大了。他不能像过去一样和女儿相处了，他也必须重新认识她，因为女儿早已不再是记忆里的那个样子。谁知道这过去的八年里，她会发生什么样的变化呢？<u>秋日凉爽的早晨，在晴朗的阳光下，唢呐继续吹着。拉哈马特坐在加尔各答的一条小巷子里，独自回想着遥远的阿富汗那荒芜的山脉。</u>

我拿出一些钞票递给他，对他说："拉哈马特，回到家乡和你女儿身边去吧！你们欢乐的团聚，是对米妮最美好的祝福。"

由于给了拉哈马特这笔钱，我不得不缩减婚礼的开支。我们不能按照原计划那样装饰电灯，也请不起敲锣打鼓的乐队。家里的女人们都很不满，但我却感到，这场婚礼变得更加温暖，更加明亮，因

✏️ 乐景衬托哀情，外面的热闹与拉哈马特的孤单形成对比，衬出拉哈马特的落寞。

为在那遥远的地方，一位久出未归的父亲将和他的女儿重逢。

阅读小助手

小说围绕商贩喀布尔人拉哈马特和"我"女儿米妮之间的友情展开，前半部分描写了米妮由害怕喀布尔人拉哈马特到亲近他的过程，后半部分描写了拉哈马特被逮捕，几乎被人遗忘，却在数年后参加米妮婚礼。小说一开始就设置悬念，直到最后才解开疑团，说明了拉哈马特对米妮的友情因何而来，让人感动不已。

○ 作家档案

中　文　名：**法朗士**

外　文　名：Anatole France

国　　　籍：法国

出生日期：1844年4月16日

逝世日期：1924年10月12日

认识作者

　　法朗士，作家、文学评论家。他生于巴黎一个书商家庭，进入学校后，法朗士虽然学习成绩一般，但博览群书，涉猎广泛，为后来踏上写作之路积累了很多素材。毕业后，法朗士在出版社做校对工作，并开始在报刊发表作品。1881年，长篇小说《波纳尔之罪》出版后，法朗士声名大振。

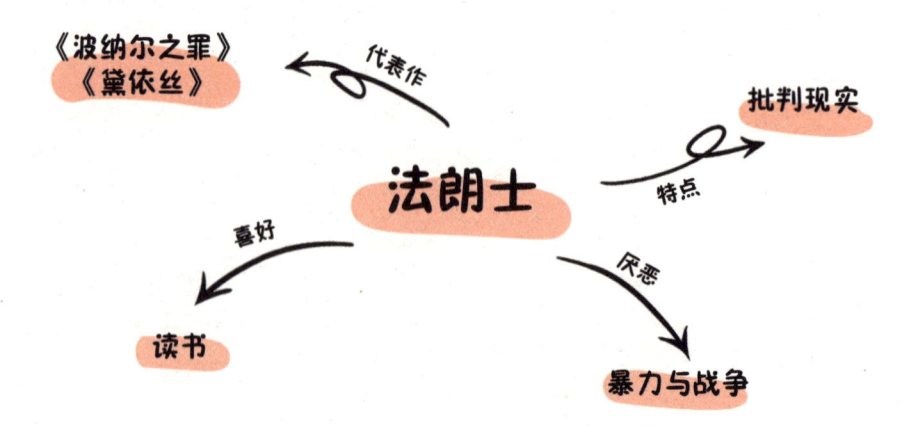

- 《波纳尔之罪》《黛依丝》 ← 代表作 — **法朗士**
- 喜好 → 读书
- 厌恶 → 暴力与战争
- 特点 → 批判现实

1921年诺贝尔文学奖

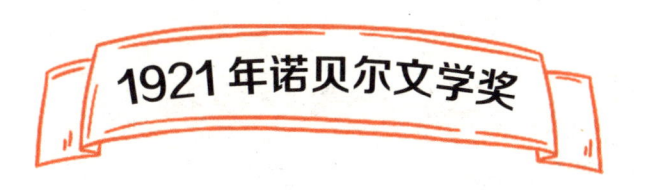

获奖理由：
　　他辉煌的文学成就，在于他高尚的文体、怜悯的人道同情、迷人的魅力，以及一个真正的法国人性情所形成的特质。

创作风格

　　法朗士用他的博学才识和丰富想象力，创造出一种纯属于个人的作品题材。他擅长用温和的语气幽默地对笔下的人物和现象进行讽刺，这使他的作品风格多样并具有丰富的变化。同时，法朗士还擅长利用隐喻和象征增强作品的表现力，对社会黑暗与丑恶进行讽刺，为唤醒人民、改造社会做着不懈的努力。

作文素材

　　在静穆的夜里，将柴草添到炉子中，炉子里的火热烘烘地燃烧起来，温暖了周围的人们。《走到人生的一半旅程》

　　有一天你会发现，人们最看重的那些奖项，恰恰是只能带来荣誉无法带来利益的东西。《学校》

送你一朵玫瑰花

李泓淼/译

> 开头营造了一种阴森的氛围，令人好奇。

我们住在一间大公寓里，里面全是奇怪的东西。墙上挂着装饰有头骨和头发的野蛮武器；带桨的独木舟悬挂在天花板上，和它并排挂着的还有一堆鳄鱼的标本；陈列柜里摆着鸟的标本、鸟巢、珊瑚枝权和无数小小的骨架，它们似乎充满了怨恨和敌意。我从前不知道父亲和这些可怕的生物做了什么交易，但现在知道了，这种交易叫收藏。父亲是那么睿智，那么无私，他梦想着把整个大自然塞进一个柜子里。"这是为了伟大的科学研究。"他是这么说的，也是这么想的。实际上，他只是发疯般地热爱收藏罢了。

他的自然珍藏已经塞满整个公寓。

只有小客厅没有被这些动物学、矿物学、人种学或畸形学的藏品淹没。在那里，没有蛇的鳞片，没有龟壳，没有骨头，也不见燧(suì)石箭的踪迹，更看不见战斧，小客厅里只有玫瑰。客厅的壁纸上到处都是玫瑰，都是些含苞待放的玫瑰，花苞谦逊地闭合着，每朵花都长得差不多，每朵都很漂亮。

> 指花朵即将开放而未开。

法朗士

我的母亲对动物学和头骨学十分厌恶，整天都待在小客厅里，坐在她的工作桌前度日。我就坐在她脚边的地毯上摆弄一只三脚绵羊玩，这只羊以前是四只脚，所以不配和我父亲的双头兔子一起出现在畸形学收藏品展柜里。我还有一个手臂能摇摆的小丑木偶，它闻起来有一股油漆味。那时的我想象力肯定极为丰富，因为这个小丑和这只羊被我想象成了戏剧中千奇百怪的人物。每当小丑或羊发生什么有趣的事，我就会告诉妈妈，但总是无功而返。大人好像从来听不懂小孩子在解释什么。我妈妈根本没有认真听我说话，总是心不在焉，这是她最大的缺点。但她总有办法哄我开心，她用那双大眼睛看着我，叫我"小傻瓜"，我们就重归于好了。

> 小孩子充满了想象力，这是大人缺乏的。

一天，在小客厅里，她放下手中的刺绣，把我抱进怀里，指着壁纸上的一朵花对我说道：

"送你一朵玫瑰花。"为了方便认出这朵花，她用刺绣针在花上绣了一个十字。我再没收到过比这更令我开心的礼物了。

> 点题。这是全世界独一无二的玫瑰花。

> **阅读小助手**
>
> 　　阴森的收藏室和温馨的小客厅产生了强烈的对比,年幼的"我"喜欢待在母亲常待的小客厅里,小客厅的玫瑰是母亲喜爱的物品,母亲把玫瑰花送给"我",让"我"感受到了母亲的爱,十分开心。你收到的最让你开心的礼物是什么呢?

法朗士

塔楼里的王子

李泓淼/译

"我的孩子就像一个土匪，你看他的头发乱七八糟的！瓦朗斯先生，就给他剪一个塔楼里的王子那样的发型吧。"

我亲爱的妈妈说话的对象是瓦朗斯先生，一个跛脚但手指灵活的老理发匠，一看到他我就想起一股恶心的热熨斗味。我挺害怕他的，他的手上总是沾满油膏，而且每次剪头时都会掉在我的脖子上。所以，当他递给我一件白色罩衫，又在我脖子上系上一条毛巾时，我挣扎着不愿意配合，他便对我说：

"我的小朋友，你也不想留着一头乱糟糟的头发，就像刚从'美杜莎号'的救生筏里爬出来一样吧。"他时常用浓浓的南方口音讲述"美杜莎号"沉没的故事，他当时就在船上，经历了可怕的苦难之后才得以逃生。救生筏，无用的求救信号，人肉餐，他带着愉快的语气讲述着这一切，他总是从好的方面看待事情。因为瓦朗斯先生是个快乐的人！

那天，他花了好长的时间摆弄我的头发，剪完

> 1816年7月，法国军舰"美杜莎号"因船长无能失职，擅自提前启航，中途偏离航线进而触礁沉没。147个乘客坐上了救生筏试图逃生。在13天的漂泊中，他们自相残杀，最后只剩下15个幸存者。

头一照镜子,我就被自己怪异的发型吓了一跳。我看到自己卷曲的头发像一顶帽子一样整齐地罩在眉毛上面,两侧的头发像猎犬的耳朵一样垂在脸颊上。

> 妈妈想表达的是谁也不准把"我"锁在塔里,但是年幼的"我"误解为,要把"我"带到塔里锁起来,为下文埋伏笔。

妈妈很高兴,瓦朗斯真的给我剪了和塔楼里的王子一样的发型。我那天正好穿着一件黑色天鹅绒上衣,妈妈说只要再把我和塔楼里的哥哥锁在一起……

"我看谁敢!"她故作凶狠地补充道,一边说着一边把我抱进怀里。

她抱起我,紧紧地搂着我一直来到车上。我们要出门访友。

我问她那个我不认识的哥哥是谁,还有那个让我害怕的塔是什么。妈妈用她充满耐心又朴素快乐的灵魂执行着爱我这个使命。她用一种幼稚而极富诗意的语言给我讲述,爱德华国王的两个漂亮善良的孩子的故事。他们邪恶的叔叔理查德从孩子们的母亲身边抢走他们,又把他们残忍地闷死在伦敦塔的地牢里。

她又补充说,两个孩子养的小狗似乎从一幅当时流行的画作中得到启发,吠叫着警告众人杀人犯近在咫尺。

她最后说,这是个古老的故事,但是它如此美丽动人,人们不断地将它绘成图画,改编成戏剧,

法朗士

她和所有观众都为之流泪。

我对妈妈说，这个故事把她和所有人都弄哭了，实在太坏了。

她回答说，恰恰相反，写出这种戏剧需要拥有伟大的灵魂和超凡的才能，但我不明白她的意思。那时我不知道人会因感动而流泪。

汽车在圣路易岛上一座我不认识的老房子前面停了下来。我们走在石头台阶上，那些破旧开裂的台阶使我愁眉紧锁。

> 通过"我"的视角，展示老房子的可怕。

在第一个拐弯处，一条狗突然跑出来开始乱吠。

"是它，"我心想，"是塔楼王子家的狗。"内心突然被一股无法遏制的恐惧占据。显然，这就是通向塔楼的楼梯，我剪了头发，戴了帽子，穿着天鹅绒上衣，就像塔楼里的王子一样。他们要杀了我，我不想死。我紧紧抓住妈妈的裙子，大喊道："带我走，带我走！我不想上塔楼！"

"别叫了，你这个小傻瓜……来吧，来吧，亲爱的，别害怕……这孩子太紧张了……"

"皮埃尔，皮埃尔，我的小家伙，理智点。"但是我已经害怕得浑身僵硬，紧抓着母亲的裙子，缩成一团，什么也听不进去；我大声尖叫着，简直要背过气去。我的眼睛里充满恐惧，眼神在暗流涌动的阴影中游移，完全被吓坏了。

> "我"的恐惧到达极点，文章也充满了悬念。

65

听到我的尖叫，楼梯口的一扇门打开了，一位戴着希腊帽、穿着睡袍的老先生走了出来。尽管我很害怕，还是认出这是我的朋友罗宾，他每周都会把干蛋糕装在帽子里带来给我吃。

是的，是罗宾没错。我不明白他为什么在塔楼里。还是孩子的我并不知道，可怕的"塔楼"就是一座房子，只是这座房子已经很老了，这位老先生住在一座老房子里很正常。

> 悬念解开，紧张的氛围减弱。

他向我们伸出双臂，左手拿着鼻烟壶，右手夹着一撮烟草。是罗宾没错。

"请进，亲爱的女士！我妻子好多了，她见到你会很高兴的。但我看，皮埃尔小少爷有点儿害怕啊。是我们的小狗吓到他了吗？——过来，菲尼特。"我放下心来，说道："你住的塔真丑啊，罗宾先生。"

> 原来母亲是来看望病人的，而且她与罗宾很熟，也能解释"我"为何与罗宾是好友。

妈妈捏了捏我的胳膊，我完全明白她的意思，她是不让我向罗宾要蛋糕，而这正是我想做的事。

在罗宾夫妇黄色温馨的客厅里，菲尼特帮了我一个大忙。我和它一起玩，我一直认为它就是冲杀人犯吠叫的那条狗，所以我把罗宾先生给我的蛋糕和它一起分享。但人总是没有耐心的，小孩子更是如此。我的思绪像鸟儿一样跳来跳去，最后又回到塔楼里的王子身上，我脑子里突然冒出一个想法，

法朗士

想赶快将这个想法告诉别人，于是我拉了拉罗宾先生的袖子。

"罗宾先生，你知道吗，如果妈妈在伦敦塔里，她就不会让那个讨厌的叔叔把爱德华的孩子们闷死了。"罗宾先生好像没有理解我的想法，但当我们和罗宾夫妇告辞后，妈妈在楼梯上把我抱在怀里说：

"你这个小怪物！快让我亲亲你！"

> 孩子的童言童语能够展现出他们的真诚，这里既表现了妈妈对"我"的爱，也表现了"我"对妈妈的信任。

阅读小助手

孩子是天真可爱的，他们的开心和恐惧都是真实的，没有丝毫伪装。小说中的"我"就是如此。我因为误会产生了恐惧，以为要被带进塔里关起来。直到遇见"我"的好朋友罗宾，才放下心来。最后"我"找到了解救塔楼里的王子的方法，那就是让"我"的妈妈去拯救他们，因为妈妈在"我"的心里是最伟大的、最厉害的人。请想一想，你的妈妈最厉害的是什么呢？

○ 作家档案

中 文 名：**川端康成**

外 文 名：かわばた やすなり

国　　籍：日本

出生日期：1899年6月11日

逝世日期：1972年4月16日

认识作者

　　川端康成，日本文学界泰斗级人物，新感觉派作家。幼年父母双亡，后祖父母和姐姐又陆续过世。孤独忧郁伴其一生，这反映在他的创作中，使他的作品具有独属于他的气质。他是首位获得诺贝尔文学奖的日本作家，一生创作小说一百多篇，中短篇多于长篇。

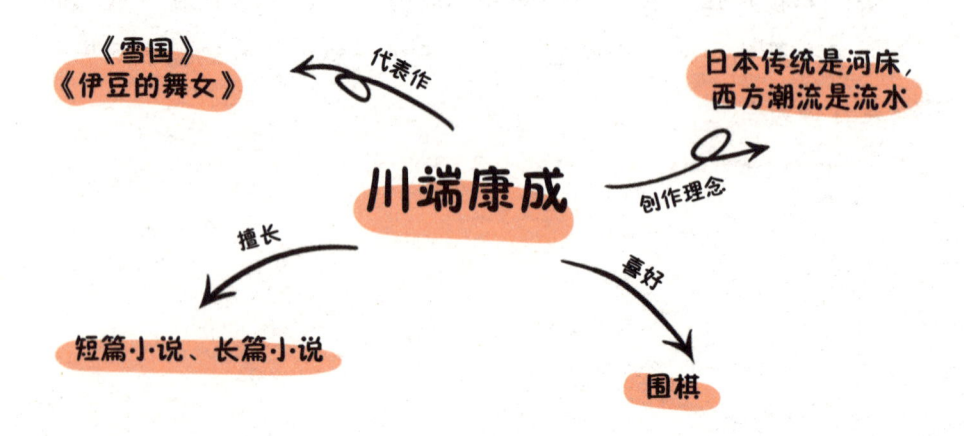

川端康成

- 代表作：《雪国》《伊豆的舞女》
- 创作理念：日本传统是河床，西方潮流是流水
- 擅长：短篇小说、长篇小说
- 喜好：围棋

1968年诺贝尔文学奖

获奖理由：
　　由于他高超的叙事性作品以非凡的敏锐表现了日本人的精神特质。

创作风格

　　川端康成是一位以温柔细腻的美感、内省性与心理探索为特点的作家。他将自然景色和人物情感描绘得细致入微，运用隐喻和象征手法，使作品充满寓意与启发。同时，他还坚持"日本传统是河床，西方潮流是流水"的观点，将作品的根稳稳地扎于日本本土，融入日本传统文化和美学观念，并吸收多种外来叙事技巧，从而形成了自己独特的创作风格。

作文素材

　　人们绞尽脑汁制定规则，然而又在钻规则的空子。《古都》

　　也许越亲近、越深爱的人，就越难描绘出来，而越丑恶的东西，就越容易明确地留在记忆里。《千羽鹤》

　　容颜最是属于自己的，却仿佛是为了让他人看而存在着。《雪国》

建校纪念日

应中元/译

一

每天往返的学校
今天迎来建校纪念日
每年此时忆往昔
欢聚庆祝，快乐无比

祝福这值得纪念的好日子
…………

✏️ 开篇点题，引出下文。

如果同学们在六年级学过《寻常小学歌曲集》，一定会记得教科书里第十课就是《建校纪念日》这首歌。

雅子她们小学有自己的校歌，在建校纪念日这一天，全校学生都要合唱这首校歌。六年级学生刚好在教科书里学到这首适合校庆的《建校纪念日》，因此学校决定让六年级学生在纪念日当天单独演唱这首歌。

川端康成

今天的音乐课在唱：

今天是可喜可贺的纪念日

歌词表达了师生迎接愉快日子的心情。雅子她们正在练习《建校纪念日》这首歌。

祝福这值得纪念的好日子

大家正专心致志唱这首歌第二段的开头，就听到歌声中夹杂着轻轻地惊叹：
"哎呀。"
"快看。"
"怎么了？"
有人交头接耳：
"哎呀，太可爱了。"
"抓不住吗？"
喧闹声越来越大，少女们也全转头朝窗户望去。
歌声跑调了，教室一下子像开了锅。须田老师也觉得奇怪，问道："快，好好唱！这是怎么了？"
夏子很调皮，思维也很活跃，这个时候她总是忍不住带头说："老师，我们有观众啦——"

✏ 一句话点明了夏子活泼开朗的性格。

71

"什么？"老师朝门口看去，但是门关着。

走廊也没有脚步声。

"老师，不是那儿，是窗户那儿，有一只可爱的小鸟。"

大家哄堂大笑，这只飞落在窗框上的小鸟，既不害怕笑声，也不打算飞走。而且，它正可爱地歪着小脑袋，好像在这群少女中找人呢。

"好乖的山雀啊。是谁家养的鸟逃出来了吧？"老师微笑着说，蹑手蹑脚地靠近窗户，轻轻地伸出手，结果小鸟还是飞走了。

> 形容走路时脚步放得很轻。

"哎呀，真可惜。"

少女们屏住呼吸，一动不动地看着小鸟是否会被抓住，看老师没抓到，她们有些失望。但鸟儿并没有飞远，而是飞进了教室。

这时钢琴出人意料地响起来。原来是山雀正好落在钢琴键盘上。

虽然鸟儿像麻雀那样小，但钢琴键盘很敏感，哪怕是一个小指头碰一下都会响。

山雀落下的瞬间，脚轻轻地踩下去，发出轻微的声响，同时琴键又弹了回来。键盘非常光滑，山雀一定吓了一跳。它慌张地跳动，结果还是响。它轻轻地在键盘上跳来跳去，五步六步，每跳一步都会响，结果钢琴不停地响起"咪、发、唆、拉、

川端康成

西",这是小鸟的音乐——多么可爱啊!

"哇,弹钢琴的小鸟。"

"小乐师,拜托你在建校纪念日时为我们伴奏啊。"

少女们七嘴八舌地议论着,给小小音乐家鼓掌喝彩,完全忘记自己在练歌。

这样一来,根本没法上课。

但老师并没有发火,而是和少女们一起看小鸟看得入迷。

"老师,"雅子举手大声喊道,"老师,那是我的山雀。可以让它回家吗?"

"什么?雅子的?那快把窗户关上,一定要把它捉住啊。"

"不用,老师,山雀可以自己回去。"

大家吃惊地看着雅子,没有人说话,雅子有些不好意思地脸红了。

"那快让它回去吧。"

听老师这么说,雅子快步走向钢琴。

看来山雀刚才站在窗台,一定是在寻找雅子吧。终于发现主人,它高兴地扇动着翅膀,飞到雅子的肩膀上,用嘴叼住雅子额前的刘海拽了拽,像个终于安心的婴儿,在和母亲撒着娇。

这里表现了山雀对雅子的亲近,也侧面表现了雅子充满爱心。

"喂,小山。"雅子抬起右手,山雀稳稳地

落在她的食指上。雅子走到窗边，把手伸向窗外，说了声"小山，你先回家"，山雀仿佛听懂了，"啪"的一声飞走了。

"这样它自己就能找到家吗？听说山雀是一种很聪明的鸟，但这样训练有素的还是第一次见到。"老师望着天空，感叹不已，他接着说，"好啦，同学们，有关山雀的事下课再聊吧，练习的机会只有两三次了。现在我们从第二段开始。"说着坐在钢琴前边弹边和同学们唱：

为庆祝这个纪念日
年年相聚校园里
同窗好友叙旧谊
无尽的喜悦挥不去

或许是因为看到可爱的山雀，少女们歌声都充满力量。一下课，同学们都迫不及待地围着雅子，有的搂着雅子的肩膀，有的目不转睛地看着雅子的表情，有的拉着她的手让她转向自己，争先恐后地问道：

"真令人羡慕。在哪儿买的啊？"
"你是怎么把它训练得这么好的？"
"山雀会各种表演吧？"

> 同学们的热情一方面是对山雀的好奇，另一方面也说明雅子受同学欢迎。

川端康成

"鸟也有聪明和愚蠢之分吗？"

因为问题太多，雅子不知从何答起："它是我从山里捡到的，从幼鸟养到大的。——怎么说好呢，反正它们越小的时候养，就越容易与人亲近。"

<u>雅子有些兴奋过头，差点说漏嘴——把如何训练小山掌握各种技能的事说出来。她可不能说，一定要保密到建校纪念日，给大家露一手。</u>想象着那天自己将会多么风光，雅子不禁笑起来。突然她向对面看去，发现一个女孩正躲在滑梯的阴影里哭泣。

> 在这里制造了个小小的悬念，引起读者的好奇。

这不是一直不合群的佳子吗？

雅子是连小鸟都会和她亲近的女孩，可见她心地有多善良。她飞快地来到佳子旁边问道："你为什么哭啊？"

"我才没哭呢。"雅子本来想好好安慰佳子，结果佳子却发火了，一副气鼓鼓的样子。也许是因为她性格乖僻，所以才不合群吧。

"你说没哭，那你为什么擦眼泪啊？"

"有灰尘进眼睛里了。"

"撒谎，你这表情是眼睛疼吗？——说吧，你因为什么而伤心，请告诉我吧。我不会告诉别人的。"

75

佳子被雅子真诚的话语感动了，说道："大家都组建了各自的建校纪念日文艺会演小组，每天一起商量，一起排练，可没有哪个组肯要我。"说完，佳子悲从中来，不再掩饰自己的眼泪，也不再顾忌被雅子看见，吸着鼻子抽抽搭搭地哭起来。

"是吗？原来为这事！"雅子温热的心中充满同情，"好了，别担心。你就加入我或者夏子的组吧。告诉你，我有个好主意。"

这完全出乎佳子的意料，她愣愣地看着雅子的脸，还来不及高兴，理科课的铃声就响了。

> 佳子没有想到会有人愿意和她一组，所以才会发愣。其实，同学之间本应该彼此友爱。

"以后再说啊。纪念日前一定保密，可以吗？"

佳子刚才伤心的泪水，化作感谢的眼泪。她两眼发亮，配合地点点头。

二

大家都很清楚，无论哪个学校、哪个年级、哪个班，一定都会有夏子这样的同学，以及佳子这样的同学。

无论是蝴蝶飞来，还是勤杂工送来自然科学课和地理课的标本，夏子总是第一个冲上去，做游戏时好像只有她的嗓门最大。虽然她学习成绩不是最好的，也不是最受人尊敬的，但是大家都喜欢她，

川端康成

一有什么趣事，马上会有人想到夏子，还会说："哎，夏子怎么了？她不在，真没劲。"

举行文艺会演这类大型活动时，只要夏子出现在台上，大家就会兴奋地鼓掌喝彩，夏子就是这样一个受大家喜欢的人。

很多人都过来邀请夏子："建校纪念日的文艺会演，希望夏子能做我的搭档。"每次夏子都会说："不行啊。我已经和雅子约好了。"

在六年级的女生中夏子朋友最多，而在这么多朋友中，雅子和她关系最好。

佳子的性格，简单地说，和夏子正好相反。

比如大家闹得正欢，这时佳子进来了，也不是佳子有什么不好，也不是大家故意让她难堪，但刚才热闹的气氛马上就会烟消云散。

佳子比夏子学习好，品行等级也是优，只是性格有些孤僻，有一种别人怎么都无法亲近的寂寞感。

虽然雅子出于同情，承诺要陪佳子组队演出。但她和夏子有约在先，该怎么办呢？这一天像往常一样，两人走在放学回家的路上，亲密地手拉着手。

"夏子，有件事希望你能原谅我。"

"我不原谅。"

"可是，我还没说是什么事啊。"

> 这里隐含了一个冲突，夏子还不知道雅子已经和佳子做了约定。

"虽然我不知道是什么事，但是我听了肯定会原谅的。但你不说是什么就让我原谅，我可生气了。"这真是符合夏子性格的回答，"好奇怪啊，雅子你这么一脸严肃地向我道歉。"

"因为我觉得你一定会生气。"

"我最喜欢生气了。好了，快点儿说嘛。"

"纪念日的文艺会演，本来我们说好一起搭档，可我现在想和别人搭档，行吗？"

"哎呀。"比起生气，夏子更多的是震惊。她盯着雅子的脸，使劲儿地摇头，"你怎么能这样，我不同意。我是绝不会原谅你的，你再说就吵架了啊。"

"但是……"

几句话即表现出夏子对这份友谊的珍视，她甚至不能接受这份友谊被别人误解。

"我说不要就不要。从一年级开始，我们就这么好，做什么都形影不离。文具盒和毛衣我们都买一样的。结果马上要毕业了，文艺会演却不在一起，大家一定会认为我们闹僵了。虽然我不在乎别人怎么想，但我们马上就毕业了，这次文艺会演是我们最珍贵的回忆啊。"

"我也是这么想的。"

"你真是莫名其妙。既然你也这么想，为什么不和我搭档。是不是我有什么地方惹你生气了？"

"说什么呢，你想哪儿去了。那这样好不

川端康成

好，我们俩的组合再加一个人，把佳子加进来怎么样？"

"佳子？佳子？把佳子加进来？"夏子大吃一惊，仿佛解开了不可思议的谜题，重复着同样的话。

"哦，是这样啊，我明白了。"夏子点点头表示完全理解，她紧紧握住雅子的手，"所以我才喜欢雅子嘛。你真是又善良又伟大。不像我，什么都不知道就发火，真对不起啊。"

"啊，我好高兴。你同意佳子加入了？"

"不，不用管我。把我的雅子借给可怜的佳子吧。我和你平时不跟佳子在一起玩，如果三个人组合参加文艺会演，佳子看起来会像个局外人。还是我退出比较好。放心吧，很多人都想和我搭档呢。"说着说着，夏子眼泪都快流出来了。像夏子这样的女孩看似争强好胜、任性撒娇，玩起来疯疯癫癫的，但她内心比一般人更敏感、更率真。

她好像已经开始担心佳子了，看起来比雅子更热心："我们这就去佳子家邀请她吧，得让她尽快和山雀熟悉起来，不然怕来不及啊。至于我嘛，在纪念日合唱时，我就和你站在一起，用我嘹亮的歌声带给大家一个惊喜。"

✏ 这一段着重描写了夏子的性格。

79

> 今天的纪念日可贺可喜
> 我们将千百次经历
> 母校坚如磐石，巍然屹立
> 你的光辉将万世永续

一路上，夏子仿佛把马路变成音乐教室，轻快地唱着，一直唱到佳子家门前。

或许是听到刚刚在学校练过的《建校纪念日》的歌声，佳子从家里跑出来，看到学习最好的雅子和最受人欢迎的夏子结伴而来，她多少有些惶恐。

夏子向来大大咧咧的，她突然以命令的口吻说道："佳子，我们是来邀请你去雅子家的，要抓紧练习，不然来不及了。"

这对佳子而言，无疑是意外之喜，她欢呼雀跃，接着又犹豫地说："不过我现在要照顾弟弟啊，如果我出去了，他一个人怪可怜的。"

佳子的母亲三年前去世了，父亲每天去铁路工地干活。佳子之所以性格孤僻、不太讨人喜欢，一定和家庭有关吧。

邻居家的老奶奶很热心，白天总帮佳子照看弟弟。弟弟才四岁，每天就盼着姐姐回来，姐姐一回来，就寸步不离地缠着姐姐，所以佳子不忍心把他

✏️ 夏子一路唱歌的画面使她的人物形象变得更立体了，从前文中怎么想怎么说的直爽，到现在想唱就唱的洒脱，作者笔下的夏子给人留下非常深刻的印象。

川端康成

一个人扔在家里，也是情理之中。

"让你弟弟也一起去吧。"夏子仿佛是邀请他们到自己家似的，"真好，我最擅长陪孩子玩了。小弟弟，你喜欢我这个姐姐吗？"说着指了指自己，又摸了摸小男孩的头。看来她确实很会哄孩子。

大家出发去雅子家，一路上小男孩兴奋得又蹦又跳。

到了雅子家，雅子正要开门，山雀从院子里的树上径直飞落在雅子的帽子上，来迎接她们，仿佛在说："欢迎回家。不过今天为什么这么晚呢？"

"小山，我带朋友来了，这位是佳子。"雅子跑进家，抓了把麻籽，放到佳子的手心上说，"小山，我们该练习文艺会演的节目啦。"

山雀落在围墙上，歪了歪小脑袋，仿佛在想着什么，看到有它最爱吃的麻籽，一下子飞到佳子手心上，叼起一粒，再飞向门口，站在帽子架上，用嘴一下下啄去外壳，吃完想再啄一粒，又飞回佳子这儿。<u>淘气的夏子赶紧让佳子握上拳头，快速用毛笔在佳子的鼻子上点了个黑点</u>，山雀落到佳子的拳头上，张开翅膀发出可爱的叫声，接着用嘴去啄佳子鼻尖上的黑点。

✏️ 这里已经透露了雅子准备表演的节目内容，不过谜底还没揭晓。

佳子吓了一跳，夏子笑得前仰后翻，雅子也笑

81

着说:"很可爱吧?它把那个黑点当成麻籽了。它小的时候,刚刚能飞一米多高,就拼命地去啄茶瓶上画的南天竹果,它不懂那是幅画。文艺会演时,我们俩带小山一起上吧。"

"太好啦!"佳子高兴极了。她用手指感受着小鸟轻盈足底散发的丝丝暖意,雅子和夏子的体贴更让她感到无比温暖。

> 小鸟足底的暖意和同学带来的温暖相互对应,增强了文字的表达力。

三

在热闹的神社祭祀活动中,同学们一定看过一两次山雀的杂技表演吧。

小鸟飞过长长的走廊,装模作样地抽出一根签。登上可爱小巧的钟楼楼梯,敲响钟声;踩在小小神社的台阶上,摇响铃铛;骑上玩具马,玩起赛马比赛和夺旗游戏……

想必大家一定会看得入迷,啧啧赞叹:"多么聪明可爱的小鸟啊。"

你们的父亲和兄弟中,一定有不少人养山雀吧,山雀不用调教也能给你表演翻跟头。

这种鸟动作灵活,栗色的身子,黑黑的小脑袋,脸颊和颈部夹杂着黄褐色。它们学习模仿能力强,很容易与人亲近。

川端康成

<u>但要想达到雅子训练小山这种程度，需要非同寻常的努力。没有发自内心的爱和耐心，是根本做不到的。</u>

说明雅子拥有足够的爱心和耐心，才能训练出小山这样厉害的山雀。

从那以后，佳子放学回家的时候，常常先到雅子家玩一会儿，她回去时，雅子也总是送她一程。路上，山雀有时乖乖地落在两人的手上或肩膀上，有时在电线杆或屋顶间飞来飞去，有时跟在两人身后。

"我一直以为，被关在狭小笼子里的小鸟，一旦打开笼门，它就会飞走；或有人走近，它就会害怕得扑腾起来，从没见过小山这样可爱的小鸟啊。"佳子不可思议地说。

雅子听了也有几分得意："从山里捡回小山时，它还是只幼鸟，既不能飞，也不会自己找食。它张开小红嘴，唧唧要食的样子，真的很可爱。因为每半小时就得喂它，所以我也常请爸爸妈妈帮忙。它能飞起来，也是我训练的。小山已经把我家当成它自己的家。刚开始能飞起来时，我带它到山上玩，它兴高采烈地飞到了高高的树枝上，我以为它不会回来了，但喊了句'小山'，它就马上欢叫着回应我，飞落在我的肩上。"

"雅子这么善良，小鸟当然和你亲近。"

"现在它和佳子也混熟了啊。"

> 形容很近的距离。

"唉，早点放寒假就好了，就可以每天和小山练习节目了。"

"把你弟弟也一起带来吧。"

距离放寒假还有不到半个月的时间，新年和建校纪念日也近在咫(zhǐ)尺。

用夏子的话说，这所小学的创始人一定非常睿智，把新年的第一天设为建校纪念日。迎新年仪式后，马上庆祝纪念日，可以感受双重喜悦，同时对六年级学生而言，还要加上即将毕业的快乐。

> 老师和雅子妈妈对雅子的善良举动的表扬，也说明了雅子是从良好的学校、家庭教育环境中受益并成长起来的。

雅子选择佳子作为文艺会演的搭档，不仅让夏子钦佩，也得到须田老师和雅子妈妈的表扬。一天，雅子去找老师商量自己文艺会演的节目，老师说："你和佳子搭档？老师要感谢你，要善待佳子啊。"

每次佳子来家里玩，雅子妈妈都会给她弟弟准备点心，对佳子关怀备至，他们离开后，妈妈总是满脸慈爱，比往常更温柔地感慨道："可怜的佳子，你能和她做朋友，她父亲如果知道了，不知会多么高兴啊。你做得太好了，妈妈以你为荣。"

新年这天早晨，雅子实在按捺不住，比初升的太阳起得还早。

"新年快乐！"

"新年快乐！"

无论在路上还是在学校，大家彼此寒暄着。明

川端康成

媚的朝阳映照着雪色，让天地焕然一新，让人神清气爽。

大礼堂里坐满了学生家长和往届毕业生，每个人脸上都充满着喜悦，大家先是向天皇夫妇的照片深深鞠躬，接着合唱起《君之代》①《一年之始》，然后是校长讲话："现在我宣布迎新年仪式到此结束，庆祝建校纪念日活动正式开始。"

① 日本国歌。

大礼堂仿佛变成了欢乐的海洋。校歌之后，镇长、毕业生代表、家长会代表、学生代表等分别致辞。接着，六年级学生一起合唱《建校纪念日》：

每天往返的学校
今天迎来建校纪念日
每年此时忆往昔
欢聚庆祝，快乐无比
…………
母校坚如磐石，巍然屹立
您的光辉将万世永续

合唱结束，六年级学生毕业纪念文艺会演终于拉开序幕。

正像和雅子约定的那样，夏子放开喉咙尽情歌唱，雅子一边咻咻地笑着，一边心情紧张地等待

85

诺奖作家给孩子的阅读课·情感启蒙

上场。

平时难得一见的自然科学实验，从历史、语文、品行课课本里摘取的朗诵，有趣的数字游戏，歌唱等等，哪个学校的文艺会演都会有这类节目。当佳子走上台把小小的井亭玩具往桌上一放，大家立刻睁大眼睛，期待她的表演。

✏ 对其他节目的列举以及对大家期待的表情描写，突出了雅子这个节目的独特性。

佳子向台下鞠了一躬，瞬间化身为瞎眼老太太，颤颤巍巍地说："哎，真愁人。我要打水，可眼神不好，看不清井在哪儿，腰又弯得直不起来，谁能过来帮帮我啊。"

"可怜的老奶奶，我给您叫个好帮手吧。"站在旁边的雅子说着，径直走到窗边，稍稍打开玻璃窗，飞进来一只山雀。

刚才还在为佳子的模样大笑的观众，一下子惊呆了，差一点儿站起来。只见山雀用嘴使劲拽着一条白线，水桶从井底慢慢升上来。

"谢谢你。真是个好孩子，对我这老太太这么好。"佳子对山雀表示感谢，问道，"学校好像很热闹啊，在搞什么庆祝活动吗？"

📖 日文用的字母，有平假名和片假名两种。这里指的是片假名，字母拼在一起能组成词语或句子。

这期间，雅子把写好的十五六张纸片排成一排，每张上面都写着一个假名，山雀飞过来，在纸片前轻盈地走动，随后快速叼起纸片送给佳子，如此来回了八遍，"カイカウキネンビ"这八个字

📖 中文译作"建校纪念日"。

终于排列在佳子面前。雅子替山雀回答道："老奶奶，这里写着呢。"

"但我眼瞎看不见字啊。"

"这样啊。小山，快帮帮可怜的老奶奶睁开眼睛吧。"

"我的眼睛，我的眼睛还能看见？"说着，佳子举起手，揉了揉眼睛，这时山雀飞到她手指上，用嘴衔住佳子的睫毛，轻轻地拽着，仿佛在说："我来帮你打开啊。"

佳子睁开眼睛："啊，看见了。完全看见了。这是正月里最美的雪景，我看见字啦，是'建校纪念日'，是啊，真是快乐的活动啊。"

说着，佳子用脸贴了一下山雀，和雅子两人一起向观众鞠躬致谢："祝大家节日快乐！"

山雀太可爱了，无论大人还是孩子看得都很入迷，大家一起喝彩，礼堂里响起雷鸣般的掌声。

佳子的父亲，迫不及待地来到雅子母亲身边说道："谢谢。您的女儿雅子是全校的模范生，佳子能和雅子一起站在大家面前，对她而言是多么大的鼓舞啊。雅子对佳子的好，一定会让佳子看到一个温暖的世界。从今以后，佳子也要成为一个坦诚的人，让更多的人喜欢。"

雅子的善良温暖了佳子，相信佳子也会用同样的善良去回报这个世界。

> **阅读小助手**
>
> 　　小说讲述了雅子、佳子和夏子三位少女之间珍贵的友情。心地善良的雅子同情孤独不合群的佳子，主动提出和她一起表演节目，雅子最好的朋友夏子明白了雅子的想法，主动退出，让她俩组合表演。佳子被雅子和夏子的善举感动，努力和雅子练习节目，决心成为一个真诚的人。在日常生活学习中，大家也要学会多关心同学，帮助同学，成为和雅子还有夏子一样温暖、善良的人。

川端康成

暑假作业

应中元/译

一

姐姐的信

森本老师：

妹妹又学我，也给您写信。妹妹穿着被海水浸湿的泳衣，从檐廊探身到书桌前，样子有点儿好笑。

"幸子，你好没规矩啊。虽说老师看不到，为什么不学学我，先把泳衣洗好。"

"那样姐姐就比我先写完了啊，姐姐你别有用心。"

母亲在旁边笑着说："郁子和幸子，你们两个只有在给森本老师写信时关系最好。"

> 母亲的话说明姐妹俩平时经常会有冲突和矛盾。

"不过，妈妈，森本老师说了，向姐姐学习是我的暑假作业之一，老师让我好好看看姐姐都怎么做，要一件一件地学。"

我听了很惊讶，脸不由得红了。老师您真的这

89

么说过吗？"

"森本老师总是表扬姐姐。老师明明已经不是姐姐的老师了。妈妈，老师现在在教我，是我的老师啊。"

"就是因为你总说这样的话，所以你品行课成绩不好。老师哪怕只教过你一小时，教过一句话，也是一生的老师。你才五年级，还不懂，在六年级毕业前的课程会学到。有一位伟大的地理学家叫伊能忠敬，曾经拜比自己小十九岁的年轻人为师……"

"是吗？这么说，我也能成为姐姐的老师啦。"

"好好听着，别插话。那位年轻的老师比忠敬早十五年去世，忠敬却留下遗言说，自己能成为学者都得益于那位老师的栽培，师恩没齿难忘，希望自己死后，能葬在老师旁边。现在那位老师和忠敬被并排安葬在浅草寺里。当时森本老师给我们讲这段时，我们都想，死的时候要葬到森本老师墓地的旁边。"

"胡说什么啊，姐姐又不是老太太，离死还远呢。"

"幸子真是笨蛋。说什么死不死的，你根本没明白我要表达的意思。"

"妈妈，你看郁子姐姐又端起姐姐的架子，很

伊能忠敬（1745—1818），绘制出了日本第一幅全国地图《大日本沿海舆地全图》。

终身不能忘。

川端康成

了不起似的。不就是个女中学生……"

"什么叫'不就是个女中学生'？"母亲一字不差地反问道，幸子这种玩世不恭的腔调让她吃惊。

不过老师，被妹妹奚落"又端起姐姐的架子"，我有点儿难过。我真的像妹妹说的那样吗？其实，绝对没有这样的事。我和上小学时没有一点儿变化，您最了解我。今年秋天举行同学会时，我非常期待您还会说"郁子一点儿都没变啊"。

但是，我恐怕再也不会像妹妹那样天真无邪地做恶作剧了。

一到下午一点左右，小镇上大街小巷都挤满去海边的人。这时的幸子就像赛跑时向终点冲刺一样，拨开人群，挥舞着大大的救生圈，旁若无人地拼命往前赶。周围的人都笑她像个怪人。我感到很难为情，赶紧追上去说："幸子，幸子，别那么慌慌张张的，大海又跑不了。"

"哼，姐姐，你就装吧，女中学生真能装。"

幸子真坏，为了让我难堪，每天去海边的路上，她都故意出丑。

在海边她还故意用别人都能听到的声音阴阳怪气地说："来海边玩，为什么还要涂上厚厚的防晒霜啊？"

✏️ 母亲认为妹妹幸子这样说话很不礼貌。

✏️ 姐姐郁子的这段话，直接说明了姐妹俩平时会有什么样的矛盾。

91

"当然是怕被太阳晒啊！"

"怕晒，为什么还来海边啊？"

我以为她会消停几天，结果昨天又像小孩子一样，说话口无遮拦，让我大吃一惊。

"喂，姐姐，森本老师穿的西服好脏啊！"

"啊？那一定是幸子你们弄脏的吧？"

"为什么这么说？"

"肯定是你们用脏兮兮的手缠着老师，往老师身上蹭鼻涕，老师哪受得了。只是觉得你们很乖，不忍心发火罢了。"

"你猜对了。"妹妹小声嘟囔着点点头，一副被我说中佩服我的可爱模样。老师，您就原谅她吧。我好羡慕妹妹，多想再回到她那个年纪啊。每当这个时候，我都会想起老师的眼镜。

无论午间休息、课间游戏还是户外郊游，只要您陪我们一起玩，我们中一定会有人把您的眼镜摘下来收好。要不然，我们这些淘气鬼不知得弄坏您多少副眼镜。

老师，我也想有个姐姐。妹妹是很可爱，可只有两人在一起时，我总会不自觉地端起姐姐的架子，自己都感觉奇怪。要是有个可以撒娇的姐姐，就能像妹妹那样无忧无虑、为所欲为。现在一想，当姐姐真吃亏。

✎ 作为姐姐的郁子，之所以有架子，是想给妹妹做榜样，当个好姐姐。

川端康成

妹妹的信

老师：

　　我不想输给姐姐，想好好给您写封信，却写不出来。可是，就算姐姐信写得再好，却不能像我这样，让森本老师给作文打分了。

　　所以，姐姐输了，我赢了。我要为此欢呼雀跃。

　　但是，我一想到您布置的作业，又担心没写完作业就给您寄信，会被您批评，所以我就更写不出来了。

　　老师，我苦恼的并不是各科老师布置的作业。我每天早晨五点半起床，和姐姐比着写，就算各科作业再多一倍，我也会很快做完。

　　连姐姐都表扬我说："要是夏天我们一直住在海边的话，幸子肯定成绩第一！"

　　可就在放暑假前一天，我领到印有暑假作业的日记本正准备回家时，却被您叫住了，您对我说："各科作业必须都要做好，老师再给你布置两道特殊作业。第一，暑假期间要观察姐姐怎么做事，向姐姐好好学习；第二，要和俊子和好如初。我知道俊子这个夏天去镰仓，幸子是在逗子的别墅度假吧，你们离得很近，有很多机会能和好，这两个作业都别忘了啊。"

> 老师留下的两个作业串联了整篇文章，也表现了老师对学生们观察得细致，十分关心。

老师，这两个作业对我来说太难了。

俊子和我闹僵这件事，您是怎么知道的？您对我们的一切都了如指掌啊。您能给我布置这样的作业，简直太可怕了。

> 就像指着自己的手掌给人看一样，形容对情况了解得非常清楚。

四年级的第三学期，我的同桌一直是俊子，但今年春天升入五年级后，我的同桌换成照子了。四年级时作为班长的俊子成绩是第一名，五年级第一学期不知为什么，她的成绩突然滑落到第十二名。

不过老师，我们关系疏远，并不是因为不坐在一起或俊子成绩下降。等把这份作业做好，和俊子和好如初，我再把一切告诉您。我已经和姐姐约好，假期她会带我去镰仓找俊子。

真过分，我看了姐姐的信，她总说我坏话，太气人了，我说要把信撕了。姐姐说："如果你撕了我的信，你的信也别想寄给老师，你可想好了？"

老师您说，这样的姐姐值得学习吗？

二

姐姐的信

森本老师：

我和幸子现在刚从镰仓回来，我们非常开心，顾不上吃晚饭，想马上向您报告。您留给幸子的作业看来可以顺利完成了。

"俊子的事，就让我写吧，毕竟是森本老师给我布置的作业。"

"没问题。不过，你是否明白老师为什么会给你布置这个作业？"

"朋友之间必须和睦相处。"

"那是当然。"

"我懂了。森本老师是个善良的人。他一定是看俊子很可怜。俊子成绩下滑，又失去了我这样的好朋友。"

"别自以为是了。可怜的不是俊子，是幸子你啊。"

"为什么这么说？"

"我今天才明白老师为什么给你布置'和俊子和好'这样的作业。因为你的好朋友总在换。以前你和俊子好得像双胞胎似的，两个人成天黏在一起，结果你现在每天只和照子玩。这种事以前也有过很多次。你的好朋友总是换来换去，这样的孩子长大后一定不会幸福，喜新厌旧，变化无常，这是你的致命缺点。老师一定是想让你好好改改这种性格，他一定是这么想的。"

"是森本老师这么说的？"

真正的友谊是长久的，如果你的好朋友今天和你特别好，明天又不理你，你会开心吗？

"不是，他虽没这么说，但是我理解他的用心。"

听我这么一说，妹妹吃惊地看着我说："姐姐可以当学校老师啦！"

是啊，我明白老师布置这个作业的原因了，我也觉得自己很了不起，这比最近学会划划艇更让我开心，明天我也要和幸子在海边比比，看谁闹得欢。

不过，如果我再写镰仓的事，幸子就没得写了。

镰仓海滨跟银座大街相似，这里有很多外国人，热闹得像在举办一场时尚泳装博览会。"沿七里海滨行走""由比海滨即在右"——这些在六年级的故事书、歌曲集、历史课里学过的句子，说的不正是眼前这样的情景吗？我感到激动不已。

这里比逗子的海更加汹涌澎湃，波浪像被暴风雨吹打的棉花田，一浪接一浪地涌来。

"可以冲浪了啊。"男人们一个个摩拳擦掌，可惜我却还没学会划划艇。

沙滩上支起了帐篷，那是传教士在布道传教。外国人在泳衣外面套上印着徽号的丝绸短褂或外褂，一个个优越感十足。

老师，在女校，谁和谁关系好是个非常敏感的话题，大家都看得很重。从一年级的第一学期到二

✏️ 能够帮助妹妹，姐姐郁子觉得比自己进步还高兴，说明她其实很关心在意妹妹。

📖 形容水势很大，猛烈地向上涌或向前翻滚。也比喻声势浩大。

川端康成

年级的这个学期，我的好朋友都是同一个人，从没换过。

写到这儿，我松了口气，幸子还在汗流浃背地拼命写着。等她写完，我想和她一起到海边去，捡捡海藻。傍晚的海面风平浪静，我们准备玩扔小石子和流木的游戏。

✏️ 说明姐妹俩也有关系融洽、和谐的时候。

妹妹的信

老师：

姐姐建议我把今天的事情写成作文给老师看。

"作文题目写什么呢？"

"什么都行。比如《夏日的一天》《拜访友人》……就写《暑假作业》怎么样？"

"不好，我要写《再次成为好朋友》。"

"哦？这个好啊。这么长的题目很有意思，老师一定会大吃一惊！"

老师，那我就开始写了。

前几天约好了，今天姐姐领着我到镰仓找俊子。

在火车上向窗外望去，青青的稻田间，一个又一个莲花池塘盛开着莲花。这一带种了许多莲花。

姐姐问我："你现在为什么不和俊子玩了？"

我想起去年夏天发生的事，一下子不知如何回

> 这里运用了插叙手法。通过插入一段幸子和俊子往事的回忆，说明两人关系曾十分密切。

答，只好沉默。去年也是这个时候，我去俊子在镰仓的家，我们把硕大的莲叶像斗笠一样戴在头上。因为闹得太凶，莲叶斗笠掉下来，捡起来的时候我向天空望去，只见夕阳西下，月亮升起，月亮也像戴着一个大大的斗笠，我不由得唱起童谣：

月亮如斗笠
没有绳儿系
天空一闹腾
它便掉下地
落地快拾起
我戴头上去

俊子睁大眼睛问："啊，月亮会闹腾吗？幸子你是真敢想，要捡起月亮的斗笠戴上？"接着，我们不由得望向天空。

当时玩得那么尽兴，现在却这么疏远，我感到很过意不去。姐姐继续问我："幸子，你认真想过没有，到底是为什么？因为俊子这学期成绩不好，你就不愿意和她在一起了？"

"不是的。之前我给森本老师的信里也写过了。"

"不是就好。幸子，你原来一直认为俊子就像个天使，可现在……"

我还没有弄清姐姐的意思，火车已经到站，逗子站的下一站就是镰仓站。

看到俊子开心的样子，我也开心起来。这时姐姐突然说："俊子啊，幸子今天来，是想跟你和好的。请你原谅幸子吧。彼此包容对方的缺点，才是真正的朋友。"

姐姐这样说，我和俊子反而不好意思，吭哧半天，什么都说不出来。

> 形容说话吞吞吐吐。

这时俊子微笑着说："说什么呢，其实我和幸子之间从没吵过架啊。"

我也点点头，仿佛我们已经和好。接着我们一起吃了午饭和西瓜，一起去海里游泳，两个人聊了很多，我尽量把记住的写下来。

俊子："照子给你写信了吗？"

我："我收到三封。不过照子就是个小气鬼，上学时我常常忘带铅笔刀、橡皮这类东西，就向照子借，她总是一脸不情愿。还是和俊子当同桌好。"

姐姐："幸子啊，这又是你不对。别说照子的坏话。俊子，别光听她的。她每次忘带东西去学校，回家后都气哼哼的。说起来幸子这点最不好。"

> 幸子的缺点在这里被姐姐点出来了：说别人的坏话，爱生气。

俊子："你每天都做作业吗？"

我："做啊，挺简单的。"

俊子："有时间我们互相对对作业答案怎么样？"

我："不嘛。如果对答案，别人又会以为是我抄你的。——升入四年级，比起三年级时，我的成绩不是突然提高了吗，就有人捕风捉影地说，因为有成绩第一名的俊子做同桌，俊子教我学习，我才进步那么快。我听了很不舒服，所以才下决心不和你说话。"

俊子："什么？是这样？就因为这个你就不跟我玩了？"

我："也不完全是。"

俊子："这学期你的成绩不是很好吗？"

我："我对俊子你生过气。上数学课时，你在黑板上做一道除法题，结果小数点点错了两位，于是我举起手来纠正你的错误，你可倒好，还哭了。我又不是故意让你难堪的，弄得我也很郁闷。"

俊子："是有这事，不过我不是因为这个才哭的。"

我："还有上体育课也是。你跟老师道歉说，不小心把老师的眼镜踩坏了，于是捡起眼镜交给老师。我吃了一惊，赶紧跟老师道歉说是我踩坏

> 比喻说话、做事时用似是而非的迹象做根据。

的。我玩得太投入，根本没看清，但确实是我给踩坏的。老师也说没关系，说他原想放到衣兜里的，结果不小心掉地上了。不过把眼镜弄坏的确实是我。"

俊子："不，明明是我。是我踩坏的。"

我："是我。我做的就是我做的，我们关系再好，我也不想让你把责任揽到自己身上。我讨厌这种人。"

> 幸子和俊子因为缺乏沟通误解了对方。

姐姐："不过，那么多人围在老师身边，确实弄不清到底是谁踩坏的。也可能幸子踩过后，俊子又踩到了。你们俩都很诚实，不想让朋友代为受过……幸子为这点事发火，未免小题大做了吧。"

我："俊子，你看，姐姐这时又端起姐姐的架子。如果都像姐姐说的这样，世上没有什么值得生气的事了。"

俊子："除此之外，我还有让你生气的事吗？"

我："当然有啊——不过跟俊子和好如初，是我这个暑假的作业啊。"

俊子："是吗？老师真那么说了？"

我："哎呀，俊子，你又哭了。你最近怎么总喜欢哭啊。你以前可不这样。"

俊子："以后不会再哭了，我不是因为伤心才哭的。"

三

姐姐的信

森本老师：

> 昨天是八月十五日盂兰盆节，俊子、幸子和我，我们三个人一起到著名的江之岛放河灯。这是悲喜交加的一晚，我们三个人终生难忘。幸子和俊子的手紧紧地握在一起，您布置的作业，幸子圆满完成。

> 老师，说起来俊子确实很可怜。她失去了唯一的妹妹。第一学期她成绩下滑，看上去和从前判若两人，都是因为这件事。

> "上数学课时俊子哭，不是因为幸子给她纠错。俊子出现这种失误，是因为她既要放学后照顾生病的妹妹，又在课堂上担心妹妹，因而无法集中精力。在课堂上一想到在家的妹妹病情可能会恶化，就不禁悲上心头。"

> 我把这一切告诉妹妹，她伤心地低下头，一声不吭地听着。

> "幸子啊，你还没有学会体谅人。"

> "可我还是孩子啊。"

> 她鼓着腮帮子，很可爱的样子，让我也很心

📖 "盂兰盆节"是日本重要的民间节日。每年公历8月13日至15日，人们会在这期间祭拜祖先和亡灵。

疼:"是啊。也怪我这个当姐姐的不够成熟。如果能早些把这一切告诉你,你就会和俊子一直好好相处的吧?"

老师,在宽松的环境里任性长大的幸子,根本不懂什么是不幸,什么是悲伤。虽然她为俊子感到难过,但她还不成熟,不会体谅俊子、安慰俊子。看到原来单纯开朗的俊子变得沉闷沮丧,就想以后不和她玩了,于是就对俊子疏远了。

俊子的妹妹从五月以来就病得很重,俊子的母亲为照顾妹妹,一个半月都没睡过整觉。她常常提醒俊子说:"你学业重要,别担心妹妹,别影响学习。"但俊子仍然替母亲分担家务,即使在学校里想的也全是妹妹的病情。想想真可怜,那时的俊子是多么孤独无助啊。成绩下降也在情理之中。

"我想和俊子说话,想找她玩,她总是心神不定,有时根本不搭理我。原来她都是在为妹妹的病情劳心费神啊。"幸子也很后悔地说,"是我不好,没能很好地安慰俊子。对了,姐姐,今天是盂兰盆节。我们一起去祭奠俊子的妹妹吧,姐姐,你带我去吧。"

"你这份心思太让人感动了。"我们立刻去俊子家,俊子带领我们到江之岛去放河灯。

我们被拥挤的人群推搡着,从小商贩的叫卖

> 川端康成

✎ 姐姐郁子也通过这件事变得更成熟,更有责任心。

> 环境描写。写出了盂兰盆节灯火灿烂。

声和法华大鼓的嘈杂声中穿过，来到片濑川。只见河面成百上千只莲花灯，有红的、蓝的、黄的，正赶上涨潮，河灯晃晃悠悠地漂浮着，险些被冲走，挂着灯笼的游船四处游动着；袅袅烟雾从祭祀塔升起，烟花在天空绽放，探照灯照射着河面。真是盛大的祭祀活动啊。——我们划起小船，点亮河灯，把它放入河中。

"盂兰盆节这天，妹妹的灵魂会回到家中，现在要乘着河灯去往天国了。"我说完这句话，大家突然沉默不语，我的目光望向下游黑暗的海面。幸子最先哭出声来。

"幸子，最近你不是说讨厌动不动就哭鼻子的人吗？"俊子强忍住眼泪说。

幸子还在哭着："可是，俊子你一点儿不难过吗？"

"难过啊。不过我已经想开了。在海边的日子让我的心情恢复了平静，下学期要好好学习，重新夺回第一名，你放心吧。"

"一定会的，还有要继续跟我做好朋友啊。"

"我想让幸子做我的妹妹。"

"太好了！真想早点儿见到森本老师啊，他一定会表扬我的。"

"还有半个月才开学呢，不知道老师在做什

么呢。"

俊子和幸子的手紧紧地握在一起。老师，您为她们高兴吧。她们两个人虽然性格迥(jiǒng)异，却成了再也无法分开的好朋友。老师，您放心吧。

老师，妹妹她们急切地想见到您，我也一样。您的眼镜如果真是幸子她们弄坏的，那您一定配上新眼镜了吧。能取代那副令人怀念的旧眼镜的，是一副什么样的眼镜呢？我也想早点看一看。

妹妹的信

老师：

正像姐姐写的，我太开心了，不知写什么好。我实在坐不住了，想飞向海边。

早晨的沙滩经过潮水一夜的冲刷，变得干干净净。沙滩上一个脚印都没有，我用自己的脚印留下一条直线，奔向跳水台，这种感觉太好了。能和俊子重归于好，我的心情如清晨的大海一样快乐。

老师，我迫不及待地想早点开学啊。

> 寓情于景。因为和俊子和好如初，幸子眼中的世界也变得明亮快乐。

> **阅读小助手**
>
> 　　文章通过姐姐郁子和妹妹幸子给老师写的信,叙述了姐妹俩关系的转变——两人从第一封信的矛盾重重到后来的姐妹情深、互相理解,也描述了妹妹幸子和朋友俊子的关系从破裂到和好如初的原因和过程,表达了亲情、友情的美好,告诫读者不要因为误会而与朋友疏远。少女间的亲情、友情如此美好,文章值得一读再读。

川端康成

考试风波

应中元/译

"哇。"

"妈妈在炸蔬菜呀。"

"我最喜欢吃了,不过做起来很辛苦啊!"

花代一直低着头,耸耸肩笑了笑。她正想着心事,不想让和子发觉……

但和子好像有什么开心的事,没注意到花代的表情:"刚才妈妈叫我们,知道什么事吗?"

"吩咐我们做事?"

"不是。是盂兰盆节的和服做出来了,想让我们试一下,量量肩褶的尺寸。"

"是吗?"花代眼前一亮,"已经做出来了?要是刚才告诉我,我就直接下去了……"说着,她赶紧收拾完桌子,啪嗒啪嗒地下楼去。

✏️ 说明花代很期待试穿新和服。

"妈妈,快让我试一下。"

厨房里,妈妈正在炒菜,苍白无光的脸颊被火烤得微微发红:"作业做完了?本想让你高兴高兴,又怕影响你学习……"

"您就放心吧。快告诉我衣服在哪儿?"

"现在不行，油烧得正热，等一会儿，马上好。"妈妈忙着做菜，没搭理花代。

"妈妈，我就试一下，就一下。"花代央求着母亲，随后走进客厅，新做出来的和服就挂在衣架上。

"哇，好长的袖子啊！"说着就要把手伸进去，突然她蹙起眉头停住，一动不动。她有些失落地自言自语："还是先不试了，等解决那件事再说吧。"

> 花代的心事竟然让她放弃试穿新和服，凸显了那件事的分量。

她站在镜子前，用下巴夹住衣领，捏着两边的袖口把手伸直，往身上比量着和服。

紫色的和服上面点缀着大片白色的箭翎花纹，图案简洁干净，衬得肤色微黑、眼睛大而漂亮的花代好看极了。

"好美啊！"不知何时和子来到她旁边，"我也要试试。"说着，和子从盒子里捧出她的和服，把手往袖子里一伸，就那样披着，在镜子前不停地转来转去。

"喂，花代你怎么不穿上试试呢？"

"现在还不想……"

"不穿上试试怎么行？调整肩褶要量尺寸啊，妈妈不也说了吗？"

"我不喜欢穿肩褶没有调整好的和服。"

"为什么？"

川端康成

"不吉利。"花代想找个借口蒙混过去，但她说得自己都觉得底气不足。

就在这时，妈妈在厨房里喊道："和子、花代，快过来，帮我把饭菜端出去。"

"好的。"两人快速地把和服挂到衣架上，来到厨房。

"这么热，衣服也不脱就试，亏你们想得出。"母亲笑着说，让她们把饭菜端出去，"哎哟，已经六点了啊，爸爸还没回来。"

"我可饿坏了。"坐在备好晚饭的餐厅，和子打量着花代的表情说，"喂，花代，你怎么无精打采的？"

"是吗？没有啊。"

"不对，感觉你和平时不一样。"

"真的没事。"

花代低下头不去看和子，她突然感到很难过，大眼睛含着泪水。

"和谁吵架了？"

花代默默地摇了摇头，最终没忍住，眼泪扑簌簌地掉下来。

今天，花代在学校，发生了一件大事……

事情发生在第三节课英语考试时。

花代绞尽脑汁，但有个句子就是翻译不出来。

比喻费尽思虑，想尽办法。

明明知道两个词连在一起就是一个惯用语。还是怪自己没有记牢词组，无论如何也想不起来它的意思，结果前后怎么都连不上。其他句子很顺利地翻译完了，就在这儿卡住了。

实在想不出来，花代想把它往后放放，先翻译第四部分单词。

单词部分，花代刚刚粗略地扫了一眼，很简单，她全都会，很快写完了。

于是她放轻松，准备重新思考第三部分的文章，这时后面座位上有人拽了一下花代的裙子。

身后坐着的是野田雪子，班上她们两个关系最好。

"什么情况？她是有不会的？还是说都会？"花代想了想没有理会雪子，又开始集中精力想这个惯用语到底是什么，这时后面又拽她，比刚才劲儿更大。

花代一下子回过头，用眼神示意对方"怎么了？"

对方也用眼神示意花子"你都会吗？"

"现在正在考试呢！"花代同样用眼神提醒对方，又回到原来的坐姿。不管会也好，不会也罢，这个时候都已无能为力……

最终，第三部分的那句翻译还是没答出来。

> 此处作者仍然没有交代雪子拽花代的原因，使事件带着悬念一步步发展。

川端康成

这个惯用语如果错了，估计会扣九分或八分，花代在心里计算着，突然有张小纸团从后面飞进脖颈里。

花代偷偷地瞄了眼讲台上的女老师杰克逊，她正神情严肃地看着书。花代心怦怦跳着，悄悄地把手伸到衣领里。

纸团落在学生服的领子里。

担心被旁边同学看见，花代悄悄地打开，上面只写着："翻译，第三题，不会。"

第三题，正是花代也不会做的那道。

这时讲台上，杰克逊老师的身体稍微动了动，只听她严厉地喊道："井上，怎么了？你在做什么？"说着噔噔噔地朝花代走过来。

> 花代全名是井上花代，老师叫的是花代的姓。

花代吓得面无血色，一个劲地低着头。杰克逊老师从花代桌子上拿起搓成一小团的纸条迅速回到讲台上。

同学们的目光齐刷刷地看向花代，有的震惊，有的同情，但马上又各自继续答题，没有人交头接耳。

杰克逊老师面无表情地打开小纸条，稍微蹙了一下眉头，又安静地拿起书。

花代心里闷得喘不过气来，她根本没有勇气把卷子交到讲台上。

一会儿铃声响起,她觉得两条腿都在发抖。

"好,时间到,把卷子交上来。"杰克逊老师开始收卷子。

"井上同学,马上去我的办公室。"说着让花代和她一起离开教室。

杰克逊老师盯着花代,把雪子给她的纸条伸到她面前,用流利的日语问道:"这是怎么回事?"

花代抬了一下头,又马上低下。两腿软软的快站不住了。

该如何回答呢——自己确实没做错什么。但是,洗清自己,就必须背叛最好的朋友雪子,她绝对做不到。而且,以前无论考试还是其他事情,雪子从没做过这样的事,她究竟怎么了?

花代沉默不语。

杰克逊老师有些生气地说:"你是承认了吗?"

老师问是否"承认",花代想"承认"是什么意思呢?是承认自己写的,还是承认做错事?

花代仍然不吱声。她想清清楚楚地说"不是我写的",却开不了口。

花代幼小的心灵激烈地斗争着,一动不动地站着。

> 花代明白这件事是错误的,但是为了朋友,她的内心在挣扎。

川端康成

"为什么不回答?好吧,井上,你这次考试卷子作废,成绩零分。我最讨厌不诚实的人,你再好好反省吧。"杰克逊老师紧蹙眉头,绷着脸在桌上翻着什么。

这时,放学的铃声响了。

"行吧。你回去再好好反省吧。"老师又说了一遍。

花代鞠了一躬,心情郁闷地走出办公室。

那天是周六,二年级的课程已经结束。花代返回教室,大家都走了,只有雪子和值日的同学在。

"对不起,因为我被批评了吧?你说是我写的了吗?"雪子声音发颤地问,她非常沮丧地说,"我也去认错。被批评的人应该是我。"雪子面色苍白,就像一个用细毛线编织的娃娃,让人心疼。花代看着雪子,觉得她怪可怜的。

刚才,花代还在想只有自己受罚不公平。现在她认为不告诉杰克逊老师真相,自己一个人把责任担起来,是理所应当的。

花代一下子变得强大了,她安慰雪子道:"别担心啊,没事的。"

"可是,是我对不起你啊。"

"你如果真这么想,那咱们约定一下好吗——从今往后,不论发生什么,考试时绝对不能再那

✏️ 花代的心理发生了变化,她不再纠结,只想着保护朋友。

么做。"

"这么说，你没把我说出来？"雪子吃惊地看着花代。

"怎么能把你带上呢。那个问题，我确实也不会，所以老师认为是我写的。实际上，我还想偷偷问你呢。"

> 花代是不是真的要问雪子那道题，我们不得而知。但是花代说的话一定会减轻雪子的心理负担。

"其实我写那个纸条，不是想让你告诉我答案，只是因为不会而感到伤心，想告诉你而已。"

"话是那么说，但老师无法理解。她一定会怀疑，这个没办法改变。"

"是啊。"

雪子仿佛下定决心："都是我不好，我去向老师承认错误。"说着一个人离开教室。

"等等，等一下。"花代追上来，拦住雪子。

"你认识到自己错了就足够了。其他的交给我来处理。"

"但是……"

"好啦。"花代紧紧拥抱着雪子。

雪子虽然还在担心，但面对如此保护自己的花代，她眼里饱含感激的泪水。

"今天就先回去吧。我也好好想想。即使向老师道歉，也要研究怎样道歉更好，周日再想想。"花代说完，雪子仍觉得过意不去：

川端康成

"不过，只让花代一个人做恶人，我不愿意这样。"

花代看起来有些生气，故意快步走出学校。

雪子从后面追上去。

周日的早晨，和往常一样，和子和花代姐妹俩一起去教会。

做完礼拜后，听牧师布道说"要爱朋友，要自己独自承担罪过"，在花代听来，这些话很生动鲜活，昨天保护雪子，不就是这个意思吗？花代感到欣慰。

为了雪子，自己无错被训，虽然不开心，但如果再连累雪子，难道就开心了？

从昨天开始花代就一直想着这件事，原是怀着一种为朋友两肋插刀的英雄气概，今天早晨听了牧师的话，心情平静下来，豁然开朗。

"自己就该那样做。"

有关学校里发生的事，花代一句都没有跟姐姐和子说，她用自己幼小的心灵彻底扛下这件事。

下午姐妹俩开始打扫院子。

"花代啊，你负责从枫树到栲(kǎo)树那片，我负责从紫阳花到杜鹃花这片。"

就这样两个人各管一片，除草坪上的草。

> 花代的心理进一步发生变化，从必须保护朋友转变为平静地接受批评。

115

自从春天女佣阿正出嫁后，母亲就不再雇女佣，什么事都是她自己一个人做。

"现在家里没人需要照顾了，就当是项运动，妈妈也觉得有意思。你们有时间就好好学学，必要时搭把手。"

家务突然多了，妈妈里外忙个不停，姐妹俩也不好袖手旁观。

"看，这种草虽然很矮，但根须茂密，不好拔啊。"

"草是越小越不好拔。"

"唐菖蒲已经开了那么多，周一带一些去学校吧。"花代今天精神焕发。

"是啊是啊，明天还有家务，要学习洗衣服。花代围裙沾的颜料，都嘎巴住了，要用漂白粉好好洗洗。"

> 方言，黏的东西干后附着在物体上。

草坪上的杂草除得差不多了，两人坐到客厅里，母亲端来自制的水果果冻。把果冻从模具里抠出来的过程看起来很有意思，两个人争先恐后要尝试。

姐妹俩围在母亲身旁，望着收拾干净的草坪，度过了快乐的下午茶时光。

周一早晨，花代一进校门，雪子就迫不及待地

川端康成

跑过来说："抱歉啊，花代。前天回到家，我虽然难以启齿，但还是和姐姐说了。"

"是吗？我可没说啊。"花代语气沉着淡定。

"结果，"雪子急着说道，"姐姐说，今天要和我一起去向杰克逊老师道歉。我应该让老师知道，我做的就是我做的。花代的友情让我很开心，为了报答你，我也应该让你知道我对你的情谊。"

花代想起周六的事，其实她当时心情很不好，现在雪子说要弥补自己的过错，花代听了很高兴。

实际上，花代潜意识里隐约期待着雪子这么做，虽然当时自己挺身而出，感觉自己很伟大。

✏️ 花代终于意识到了自己真实的想法，希望雪子能主动承认错误。

"太好了，雪子这么说，那就这么办吧。我陪你一起去见老师。"

雪子的姐姐道子，在四年级学生中外语出类拔萃，杰克逊、史密斯这些年轻老师都喜欢她。

二年级的英语课都在今天下午，两个人决定利用午休时间去见老师，只是等待的时间有些漫长。

既然下定决心，就想尽快和老师说明情况，好让彼此轻松下来。

两个人抓紧吃完便当，等姐姐道子出来。

雪子握着花代的手说："我太懦弱了，你被批评时，我为什么不能马上主动说明情况。说起来，还是因为我不够诚实，竟然还想做出一副事不关己

✏️ 雪子和花代敞开心扉，雪子承认错误，她们的友谊会因此更加坚固。

117

的样子，太对不起了。"

"好了，不要再说对不起了。那种场合，谁都不可能毫不犹豫地站出来的。毕竟不是好事，都想隐瞒，换成我也一样。我当时被老师批评后，心里就想开了，觉得必须保护你。"

"花代你太好了！"雪子感动得眼含泪水。

这时，雪子的姐姐道子快步走过来。

三个人默默穿过走廊，喧嚣的操场仿佛是另一个世界。

杰克逊老师的房间紧挨着宿舍。道子敲门，听到里面大声说"请进"，站在最前面的道子轻轻地推开门。

杰克逊老师看到她们三个人一起进来，有些意外，微笑着说："怎么样了，井上，知道自己做错了吗？"

道子鞠了一躬，靠近老师说："老师，和井上没关系。考场上的那个纸团，是我妹妹写的。"

杰克逊老师皱了一下眉头，没看花代，也没看雪子，仿佛在盯着空气："是吗？那为什么当时不说清楚？"

雪子看着老师的眼睛，几乎要哭出来："当时我感到无地自容，没有及时说清楚，确实是我的错。"

> 环境描写。动静结合，衬托三人心情沉重。

川端康成

"很好。井上，你是不是认为只有自己被老师批评，事情就可以过去了？"

花代想了想，用肯定的语气轻声说："老师，我就是想保护雪子。为了我们的友情，我想一个人承担错误。"

"老师，她们两个人关系确实很好。"道子也在旁边附和道，"雪子不会第三道题的翻译，并不是想让花代告诉她答案，她只是想告诉好朋友，这道题她不会。在这件事上，井上没有错，不要给井上扣分啊。"

杰克逊老师耐心地听完三个人的解释："我明白了，全都明白了。你们都很棒。请你们永远保持这份情谊，彼此好好相处。英语考试一两道题不会没关系，雪子、花代你们虽然做错了，但也印证了你们之间深厚的友谊。一切都过去了。只是你们要更加努力，这样的事，不要再有第二次。<u>只要有正确的学习态度，就算不会答题也没关系……</u>"

✎ 在日常学习中，我们也要保持这样的心态。

三个人松了口气，心里充满感动，都快要哭出来。她们只能多次鞠躬表达感谢，然后心情轻松地从老师房间出来。

"我回来了！"花代生龙活虎地走进家门，忘了放下书包，就径直跑进母亲房间。

"又怎么了？看你慌慌张张的。"母亲把针线活放到一边，笑着问。

"因为，那个……"花代有些不好意思，说话吞吞吐吐的，"妈妈，有件大好事要告诉您。"

"考试结束了？"

"考试算什么。我和雪子的友谊，终于得到验证了，我好开心啊！"

"什么意思？你们原来的友谊是假的？"

"当然不是，但就像通过理科实验那样，终于被充分证明了。"

"是吗？"母亲没有露出太吃惊的表情，又继续拿起针线活。

花代觉得意犹未尽，抱了一下母亲："妈妈，我并不是想做什么实验，但有时做与不做确实不一样啊。所以，我好开心呢，希望妈妈和我一起开心啊。"

"说得我越来越糊涂了。"母亲目不转睛地看着花代，开心地笑了，"看来确实发生了什么好事！"

"是啊。"

"是吗！"母亲突然想起来，"那件过节要穿的和服，得赶紧试试，肩褶要定型啦。"

花代点点头，马上从柜子里拿出新做的和服穿

✏️ 经历这次考试风波，花代认为她和雪子的友谊经过了考验，十分开心。

川端康成

上，在镜子前旋转起来，又跑到院子里。

梅雨过后，雨过天晴，夏日的阳光耀眼，让人不由得想高呼"万岁"。

这场考试风波解决之前，绝不穿新和服，这是花代在周六暗暗下定的决心……

🖍 开篇花代心里想的"那件事"就是这次考试风波，和服也终于能穿上了，首尾呼应。

阅读小助手

假如你被老师误解，要是解释清楚就要连累最好的朋友，你会怎么办？本文中的花代就遇到了这样的事情，因为雪子扔过来的小纸团，她被老师误解作弊。花代经历了一系列的心理变化，从最开始纠结是否连累朋友，到后来决定为朋友两肋插刀，再到平静地接受批评，到最后意识到自己希望雪子主动承认错误。雪子也承受着不小的心理压力，最终她决定向老师承认错误，证明了双方友谊的可靠性，也让两人的关系更加亲密了。

诺奖作家给孩子的阅读课·情感启蒙

为恩师扶灵送别

应中元/译

一

每天早晨，寝室长都要带着室友去宿管老师的管理室参加早会。

"哇，外面霜很重啊！"室友小田说道，"寝室长，动作快点，今天争取第一啊。"

> "霜很重"说明故事发生在冬季，结合题目知道这是个悲伤的故事，冬季寒冷萧瑟，以哀景写悲情。

宿管老师按照到达早会的顺序作记录，来得最早的寝室，在管理室的日志上会被记上"早起第一名"。宿舍里有十二三个寝室，当然会进行"早起的竞争"。

小田说的"第一"就是这个。

在我们的寝室里，小田总是起得最早。

早晨一起床，小田就向窗外的草坪望去。

草坪在宿舍楼的背阴处，只有一端能被太阳照射，随着太阳升高，阳光照耀的范围逐渐扩大，所以草坪发挥着日晷的作用。

> 古代一种利用太阳投射的影子来测定时刻的仪器。

今早，那片草坪结了厚厚的霜。

"比猎兔子那天早晨还要冷啊！"小田说。

川端康成

其他室友也陆续起床，边整理着被褥边说：
"天冷兔子就好抓吧？"
"今天早餐是喝兔肉汤吧？"
"兔肉汤一点儿也不好喝，还是兔肉火锅好吃。"
大家你一言我一语地闲聊着。
猎兔子是上周六，今天是周一。

> 交代故事的时间，为下文做铺垫。

猎兔时满山跑，现在脚还有点儿疼。我本想迅速穿上裤子，可一碰到脚更疼了。

脚越疼，越觉得早晨的楼道寒气逼人。

我们走进管理室，宫田老师把两条腿搭在四边形木镶嵌的火盆边，头埋在膝盖上。

我和三位室友并排站着，寝室长带头问好：
"第五寝室前来报到。老师早上好！"

但老师像没听见似的，依然埋着头。

老师大大的耳垂微微发红，似乎在不停地颤动着。

因为没得到回应，我们只好站在桌前一动不动。

终于老师抬起头，眼睛里噙(qín)满泪水。

他沉痛地说："仓木老师今早去世了。"

"什么？"

我们一动不动地盯着老师的脸。

123

"他的家人通知我们说是今天凌晨两点去世的。"

"今天凌晨？"

"所以，请大家在宿舍保持肃静。"

说完，老师再次低下头，好像又流泪了。

我也心如刀绞，静静地离开了管理室。因为悲伤，我感到室外格外寒冷。

仓木老师的去世，对于二年级的住宿生和五年级的我们而言，悲伤程度并不一样。

仓木老师是我们五年级学生的班主任。五年来一直很照顾我们，现在我们已临近毕业。此外，仓木老师教了我们五年英语，我们一直觉得仓木老师就是我们五年级学生的老师。

在宿舍里，都是五年级的学生担任各寝室的室长。我挨个去各寝室告诉大家"仓木老师去世了""宫田老师哭了"这两件事。

宫田老师胖得像橡胶娃娃似的，总是红光满面，根本无法想象他也会哭。

就连宫田老师都哭了，我们意识到仓木老师的去世多么令人悲伤。

早餐的铃声响起来，在去食堂的路上，大家的话题都是仓木老师。

"猎兔那天，老师上山时不是挺好的吗？"

> 这里强调了作为五年级学生的"我们"与仓木老师感情之深，为下文给老师抬棺扶灵做铺垫。

川端康成

"听说当时就感觉不舒服，中途就回去了。"

二

宿舍管理员宫田老师眼圈通红，吃饭时心不在焉，住宿生们早餐时也是鸦雀无声。

我的眼前不禁浮现出仓木老师的样子。

铁边镜框的近视眼镜已有些年头，处处锈迹斑斑——那副眼镜挂在老师大大的脸上，好像要掉下来。

大家议论说："那副眼镜已经为老师服务了二十多年。"

仓木老师来这个学校工作，已经有二十多年。

老师皮肤粗糙的脸庞和铁边镜框非常搭配。

在整个学校胖得最引人注目的就是仓木老师和宫田老师。宫田老师的脸光滑饱满发亮，而仓木老师的脸粗糙深沉凝重。

论身高也是仓木老师更高，整个比宫田老师大一圈。

仓木老师不修边幅，西服上总是落着烟灰。五年来，我看他一直就穿着这套西服。

他大腹便便，身材高大，根本看不出乡村教师的寒酸和生活的艰辛。

"眼镜"是老师的象征，"锈迹斑斑"代表了时间的流逝，"眼镜为老师服务"就等于老师为学生服务。

走出食堂，霜已经覆盖到对面的木板墙的墙根。

那个木板墙立在河堤稍稍隆起的堤坝上。

我不由得想到，仓木老师的小女儿该是多么悲伤啊。

> 插叙。通过回忆与仓木老师小女儿的接触，对仓木老师的生活细节进行补充。

在那个河堤上，我曾经和仓木老师的小女儿一起玩过。

我常常翻过那面木板墙，舒展地躺在河边的草地上读书。

当时，我发现那儿有个八九岁的小女孩，于是就打招呼："你是一个人在玩吗？"

她的大眼睛瞪得圆圆的。

只聊了几句，我就发现她是仓木老师的女儿。

仓木老师共有三个孩子。长子考上东京的大学，长女是师范学校的寄宿生。

留在家中的是最小的孩子。

也许因为父亲是中学老师，这个孩子对中学生天然有一种亲近感。我一招呼，她就过来了。

"爸爸在家里凶吗？"我开玩笑地问道。

"不凶啊。"

"不过在学校可凶了，大家都怕他。"

"为什么怕他啊？"

"为什么？因为你爸爸很了不起呗。"

川端康成

"你被骂过吗？"

"没被骂过，但也很怕他。"

就这样随意闲聊着，我把小女孩抱在膝上，仔细地看着她的脸说："你长得不像你爸爸啊。"

小女孩的眼睛又大又圆，而仓木老师眼皮肿胀，眼睛眯成一条缝，眉毛很粗，脸上的肉厚厚的，给人过于严肃的感觉。

✏️ 对仓木老师外貌的描写解释了为什么学生们都怕他。

打那之后，在同一处河边，我又见过小女孩两三次，但每次都是她一个人。

这个河边是镇上孩子们的游乐场，每次看她都是一个人出来玩，总感觉她会很孤独。但实际上小女孩的表情看起来并不孤独。

仓木老师去世时，身边只有这个小女儿吧。

想到这里，我的脑海里总会浮现她开朗的样子，心疼不已。

那个小女孩，不会再到河堤来玩了吧。

猎兔的那天正好是周六，仓木老师的大女儿从师范学校回来，但周日早晨老师就赶她回校了。

仓木老师猎兔回来就病倒了，大女儿为了照顾他，想推迟返校时间。

"你作为老师的女儿这样做不好。父母一有点儿病，就请假不上学，让我的学生知道会影响他们。"像往常一样，作为教师，他非常自律。

✏️ 勾勒出仓木老师严于律己的形象。

据说长女非常不情愿地离开病中的父亲，也许冥冥之中她是有预感的吧。

三

那天早晨，我比平时早一些到学校。走读生可能还不知道仓木老师去世的消息，我想要尽快告诉他们。

到校一看，学生休息室布告栏上已经贴出带有黑框的讣(fù)告。

> 报丧的通知。

耳朵冻得通红的走读生开始陆陆续续到校。

听到仓木老师去世了的消息，大家都难以置信，一度沉默无语。

那些被认为是"问题少年"，总被仓木老师批评的学生们，此时也神色凝重，没有人说话。

无论多差的学生，面对仓木老师发自肺腑的教诲，没有一个人会顶嘴。

老师粗粗的眉毛一蹙，谁都不敢再看他的脸。

学生最怕老师瞪眼，所以老师兼着管理风纪的职责。

> 对比。通过对两位老师性格的描写，强调仓木老师性格沉稳。

副班主任是地理老师砂田，砂田老师有些神经质，很瘦，但看上去非常精明。砂田老师常口若悬河。仓木老师虽沉默寡言，但说话很有分量。

川端康成

　　胖胖的仓木老师和瘦瘦的砂田老师，两人在校园巡视时，形成一道有趣的风景。

　　"阿仓来了。"

　　"阿仓来了。"

　　学生们交头接耳传递消息，一下子安静了。

　　"阿仓"是对仓木老师的爱称，不是绰号。

　　整个学校，只有仓木老师没有绰号。善于恶作剧的淘气鬼常常抓住老师的特征和缺点，给老师起各种绰号，但对仓木老师谁也不敢，因为他品德高尚。

　　仓木老师的品行在师生中有口皆碑。　　📖 形容人人称赞。

　　上课前，全校学生在大礼堂集合，校长、教导主任、砂田老师分别为仓木老师致悼词。

　　"无论从个人交情还是学校发展而言，我都失去了一位好友，仿佛被切断一条臂膀，不知如何面对未来。我的悲伤无以言表。"

　　校长个子不高，声音哽咽，听不太清楚。

　　"各位都知道，仓木老师几乎是本校创立以来资历最老的老师。仓木老师是我的左膀右臂，是学校的顶梁柱。学校的工作能开展得如此顺利，少不了仓木老师的鼎力相助。学校的各种难题，仓木老师都能巧妙地解决；老师之间的纠纷，也因为仓木老师博大的胸怀而化解。仓木老师的品德和能力，

129

大家有目共睹。仓木老师的去世，想必你们也无比悲伤。"

校长用沉重的声音继续表达着悲伤的心情。

"仓木老师一生淡泊名利，为了这所学校，贡献了自己的一生。仓木老师二十多年来勤奋地工作，他不是无处可去、没有办法才待在这里。仓木老师的学问，被埋没在这所乡村中学，实在可惜。很多高中曾向他伸出橄榄枝，他如果想出人头地，这样的机会数不胜数。但仓木老师因为对这所学校的情怀和对我的友谊，一直坚守在这个小镇上。"

我们也都知道其他高中邀请仓木老师这件事，对老师的学术能力也有所耳闻。

我们中学一直使用仓木老师编撰的英语课本。课本由东京书店出版，虽然署名是别人，但实际作者是仓木老师。

每当我们在火车上或在其他场合看到外校学生翻看仓木老师编的教科书，我们就感到十分骄傲。

镇上有家小报社，有一次我去拜见那里的记者，他也提起仓木老师。

"你们学校有位仓木老师吧？"

我说："他是我们的英语老师。"

"是吗？教你吗？太好了！不过，他的非凡之处，区区中学生哪能理解得了。他那渊博的英文知

> ✎ 朴实的话语，折射出了校长的真实情感，表达了他对仓木老师高尚品德和渊博学识的敬佩，让人感动不已。

> ✎ 举例，突显了仓木老师学识渊博、淡泊名利的形象。

识，实在令人惊讶。我一来镇上就去拜访他，没想到在乡下居然能遇到他这样的人物。做个中学老师了此一生，实在可惜。"

那位记者毕业于东京一所大学的英文系，刚刚来到这个镇上。

"在中学老师里，从没见过这么了不起的藏书家。不仅西方文学，他还读过不少国文学和汉文学的著作。光听他讲话，我就很开心。他是位读书人，甘愿身居这穷乡僻壤，你们真是得由衷感到庆幸啊。"

> 这里的"国文学"指的是日本文学。

教导主任是教历史的天川老师，仓木老师是他的助手。天川老师大学毕业，而仓木老师是自学成才。

天川老师身体有恙常常请假，仓木老师干的工作比教导主任还多。

四

教地理课的砂田老师对乡村中学而言，也是不可多得的存在。我们使用的地图就是他绘制的。虽然地图署名是东京的一位大学教授，但实际作者是砂田老师。很多中学使用的就是这本地理参考图。

校长讲完，砂田老师致悼词，他痛苦地诉说着

> 志向相同，思想相合。形容彼此志趣一致。

失去学术上志同道合的伙伴后的孤独无助。他详细介绍了仓木老师的日常工作、生活和人品。

"大家在周六猎兔时还见过仓木老师，有人还记得当时的仓木老师吧？他和平时不太一样吧？他的脸色很不好吧？因为他那么胖，心脏很不好。周六早晨出发前，他好像已经很虚弱了，就算是平时，仓木老师的心脏状况，也是不能参加登山活动的。当时我们劝他回家休息，他说难得全校学生一起高高兴兴、精神抖擞地去打猎，哪怕他只爬一座山，也要看看同学们猎兔的飒爽英姿。结果刚爬山，他就呼吸急促，只能先回去了。"

我们学校，每年一月到二月都有猎兔的习俗。

在一个小山包上撒下网，把兔子从山脚往上赶。

有时是全校学生围一座山，有时是分成两三组。

"仓木老师回去前，还嘱咐我们照顾好四年级的西村，西村在患有脚气病的情况下还坚持参加猎兔，他很担心。老师就是这样的人，总是为别人着想。我们都以为老师回家休息一下，很快就会恢复，所以没怎么放在心上，没想到竟是永别。周日早上，他就把从师范学校回家探望的长女赶回学校。但到傍晚时，他病情突然加重，校长和我赶到

川端康成

时，已无力回天。仓木老师在弥留之际还记挂着西村同学的健康，想着学校的各项工作，但对自己和孩子却没留下只言片语。三个孩子中，虽然只有最小的女儿在身边，他却没有感到孤独。长子还在东京读大学，长女今年春天就要从师范大学毕业。仓木老师最放心不下的是这个小女儿。"

体现了仓木老师关爱学生、热爱工作的职业道德。

大礼堂鸦雀无声，砂田老师的声音越发沉重。

那天还有课，但是所有老师都在悼念仓木老师。

教国语的水岛老师为人诚实，有些口吃，只说了一句"仓木老师是位好老师……"，就泣不成声，嘴唇颤抖着说不出话来。

他面向黑板，手哆嗦着写下一首和歌：

日本诗歌体之一。

人生在世时
往来聚散寻常事
难解其中意
一旦永别斯人去
点点滴滴成追忆

之后还是说不出话来。

第四节课本是仓木老师的英语课，只能改上自习，由教体育的松本老师代课。

平淡的叙述中透露着无奈和悲伤。

133

"仓木老师的英语课永远不会再有了。这节课，请大家一边自习，一边追忆仓木老师吧。"松本老师说，"仓木老师毕生都献给学校和学生，这也是让其他老师最钦佩的地方，仓木老师无论什么时候，开口必谈教育。周日我去拜访他，仓木老师一直在讲特殊学生，讲到他如何花费时间思考对这些学生的特殊教育方法。你们这个班没有特殊学生吧？就是学习成绩特别差、品行特别差的学生……"

松本老师环视一遍教室后说："举个例子，你们从三年级升到四年级时，我们专门召开会议讨论，当讨论到一个学生是给他升级还是留级时，老师们的意见很不统一，为了这个学生，会议一直开到半夜，大家又饿又累。这时一位老师说，别再讨论了，赶紧决定他是升级还是留级吧。仓木老师一听，气得脸色大变，他对这位老师说：'如果您吝惜这点儿时间，那么您请回吧，您请回吧。如果必须让他留级，那也是没有办法，但是要知道这个学生一旦留级，请您想想会给他的精神带来多么大的痛苦，会给他的家庭带来多么大的耻辱。这个学生不但要白白浪费一年的时光，还要白白花掉很多钱。一个人的升级不是小事，不能草率，必须认真对待。如果哪位嫌浪费时间，请先回吧。'结果，

✎ 一方面体现了仓木老师对每一个学生认真负责的态度，另一方面也体现了仓木老师高尚的人格。

没有一位老师回去。仓木老师总是这样。在他的呵护帮助下，免于退学、没被留级的学生有多少，你们也一定很清楚吧。"

有的学生低下了头，一定是想起了仓木老师曾经对自己的帮助吧。

五

第六节课是体育课，结果变成了五年级的年级大会。

松本老师常常把体育课分配给大家自由使用，因此形成了年级大会。会上，我们常常讨论五年级学生作为全校最高年级学生存在的困惑，还有毕业后的前景等问题。

松本老师作为发起人，让学生们充分讨论，从来不强加自己的意见。

外面在下雨，我们在体育馆里围坐在一起，甲班的班长作为大会主持人站起来说：

"因为仓木老师今天早晨去世了，今天的年级大会是松本老师特意为我们召开的。"松本老师点了点头。

"此时此刻，我们满脑子都是仓木老师。我们心中有千言万语，我们把今天的年级大会变成仓木

> ✎ 老师尊重学生的意见，体现了一种平等的师生关系，为后文的学生主动提出扶灵抬棺做铺垫。

老师的追思会吧。"

大家都表示赞成。

"但是，我们不光要追忆仓木老师，还要商量能够为他做些什么。我们毕竟是最高年级。五年来，仓木老师不仅是我们的英语老师，也是我们年级的教导主任，比起低年级学生，我们更加悲伤。滴水之恩，当涌泉相报，我们需要做什么，学校一定会有指示，我们要认真完成，但同时，如果可能，我们还要自发地为老师做些什么。"

> 在困难时即使受人小小的恩惠，也应当加倍报答。

"说得对，"松本老师插话道，"你们是最高年级，你们的态度怎样，会影响到全校学生，请你们做出表率。"

这时一个学生站起来说：

"我们还有两个月就毕业了，仓木老师不能送我们到毕业，是我们最大的遗憾。我们在学校的时间只有五六十天，在这期间我们要牢记老师的教诲。作为老师最后一届学生，我们一定要出色地完成学业。老师对我们的恩情，永远不能忘记。我们现在就讨论一下毕业后该如何报答老师的恩情吧。"

"主持人，我说！"

"主持人，我说！"

大家纷纷举起手来。

川端康成

有人建议，毕业后把我们的同学会命名为"仓木会"。

有人建议，用仓木老师的名字，在学校开展一项纪念活动。

还有人建议，虽然仓木老师不在了，但希望他的家人永远住在这里。这样毕业后留在这个小镇的人，家住在这个小镇的人，就可以齐心协力，一起为老师的家人做些实事。很多人赞同这个建议。

更有人建议，要为老师立一块墓碑。

大家讨论很热烈。

当然，有些建议仅凭我们中学生的一己之力是无法完成的。

一个学生站起来，几乎喊着说："我想再见仓木老师一面。"

"但老师已经不在了啊。"

"不，还在。"

"不是已经去世了吗？"

"虽然老师去世了，但人还在啊，还没有火化吧。"

教室里顿时鸦雀无声。

"你们难道不想再看一眼老师，和老师告别吗？"

"想啊，想啊。"

✏️ 悲伤的情绪迎面扑来，学生想见老师最后一面。

137

"赞成。"

"如果是我自己，我会去仓木老师家里悼念，见老师最后一面。但我想大家都有这种愿望，我建议我们五年级学生一起去跟老师告别。"

"松本老师，请让我们去仓木老师家上炷香吧。"一位学生请求道。

"从师生感情来讲，你的提议合情合理。"松本老师点头表示赞同，"但是，你们上百人到老师家，必须提前问一下老师的家人是否方便。我和校长商量一下，请他征求一下老师的家人的意见。我想你们的愿望会实现的。"

> 情节出现转折，推动故事走向新的方向。

这时，一位叫冈岛的问题少年站起来提议："我们一起为老师扶灵抬棺吧。"

大家听了哄堂大笑。

"有什么好笑的嘛。"冈岛愤怒地说，"为老师抬棺不是弟子的礼节吗？日本从古至今都是如此。你们究竟是觉得总被老师批评的我说的话可笑，还是觉得为老师抬棺可笑？"

大家笑是因为冈岛突然说奇怪的话。

随即有人响应他的话：

"没什么可笑的。"

"应该好好组织。"

"扶灵抬棺的人一般是故人的知己和对故人感

恩的人。老师的亲属离得很远，为老师抬棺，非我们莫属，他会开心的。"

"说得太对了！"

我们彼此的心中泛起了感激的涟漪(lián yī)。

这时又有人站起来说："让非亲非故的丧葬工人给老师抬棺，是我们的耻辱。冈岛同学说到点子上了。"

"对。老师葬礼上的一切，我们都包了。我们不需要其他任何人介入。"

"松本老师，您觉得呢？"

松本老师回应道："你们的美好情谊，让人感动。只要有这些话，仓木老师就可以瞑目了。我个人完全赞成。但要跟学校商量，还要征求老师的家人的意见。总之，我会尽力帮助你们，实现你们的心愿。"

点题。表达了学生们对仓木老师的尊重和爱戴。

六

学校宿舍规定，晚上临睡前，为让大家心神宁静，要求大家聚在一起静坐三十分钟。那天夜里是校长值班。

"今晚无论如何都无法静心，从早晨哭到现在，眼泪一直止不住。"校长抽泣着，又开始回忆起仓木老师的点点滴滴。

校长曾担任过一所中学的物理、化学老师，当时仓木老师是那所中学的学生。虽然他名次排第二，但是校长认为他比第一名更优秀。仓木老师的家里不富裕，所以毕业后没能继续升学，就直接成为了校长的助手。

不久，仓木老师成为小学教师。通过鉴定考试，又考取中学教师资格。校长转到现在的学校后聘请的第一位老师就是仓木老师。此后二十二年，仓木老师一直是校长的左膀右臂。

有师范学校想聘仓木老师当校长，也有高中要聘仓木老师当高中老师，但仓木老师不为所动。

"仓木老师说我对他有恩，他心甘情愿留下来。今天五年级大会上，学生们提出要承办有关葬礼的一切。能让自己教过的学生为自己抬棺送葬，这是作为一个教育工作者的无上荣光，想来仓木老师在这里耕耘多年，总算有了回报。"校长说着又落泪了。

第二天清晨，雪花纷飞。

冬天的天空，北风在呼啸。

我们提出的两个请求都被批准了。

放学后，我们列队低着头走出学校。

仓木老师的家坐落在杉树林中，房屋很简陋。

> ✎ 与前文说的乡村老师生活都很艰辛呼应，从居住环境说明仓木老师对学生和学校的奉献都是无私的。

原木做成的棺椁(guǒ)就停放在檐廊上。

我们三人一组走上前，靠近棺椁瞻仰老师的遗容。

老师走得突然，未见衰容。只是脸色苍白，白得透明。丰满厚重的脸虽然安详，却尽显疲惫。

老师的夫人、三个孩子、妹妹、校长和砂田老师默默地伫(zhù)立在旁边。

旁边房间堆满了老师的书，堆得很高，显得房间有些暗。

✏️ 与前文老师知识渊博、学问深厚形成照应。

一百多人的告别，花了不少时间。

这期间，我们站在院子里，想多看看老师。

雪花浸湿了双肩。

回到学校，大家开始安排明天葬礼时的分工。

我的任务是提灯笼。

"可我不喜欢提灯笼啊。"我一说，大家都笑了。

我也想为仓木老师抬棺。

"你身体虚弱，就负责把灯笼提好吧。"松本老师说。

傍晚，在宿舍澡堂里，宿舍管理员稻村老师反复念叨："虽然明天令人悲伤，但葬礼一定会很圆满的，一定会的。"

七

葬礼这天，天阴沉沉的。

送葬人群通过时，沿街的人们站在门口，发自肺腑地为仓木老师送行。

老师朴素的棺椁，被二三十个学生扛在肩上。他们周围又有三四十个学生，准备中途替换。

老师的棺椁完全被自己的学生守护着。

学生们手执旗帜、灯笼、花束、花环，走在棺椁前方。

我提着青竹长柄的白灯笼，走在队伍中。

老师的儿子捧着原木牌位跟在我的身后。

四年级和其他年级的学生全都在寺院门口列队等候。

队伍静静地走进寺院，不时传来低年级学生的抽泣声。

仪式由我们五年级来负责。

仪式结束后，我们五年级学生都围在棺椁前后。

松本老师致谢辞：

"因为你们的帮助，葬礼得以顺利进行，我代表仓木老师的家人和校方对诸位同学表示感谢。来宾们说从没见过这样美丽圣洁的葬礼，都为之动

✏️ 仓木老师品德高尚，不仅为学校师生所尊敬，也被镇上的人们尊敬。

容。诸位同学都是自发而为,更为珍贵。"

仓木老师的长女用手绢捂住眼睛。

松本老师继续说:"实际上,原本想请诸位同学马上把遗体送到火葬场,但刚收到仓木老师兄长的电报,因大雪而交通停运的山阴道终于通了,老师的兄长预计今晚到达这里,所以我们决定等他。虽然两人是亲兄弟,但相距遥远,他们已有十多年没见面。无论如何得让他见仓木老师最后一面,我们已经拜托寺院。按照规定寺院是不能停放遗体的,但寺院被各位的行为感动,同意遗体放到明天。今晚就由我们一边守夜,一边等待仓木老师的兄长。诸位同学,你们请回吧。你们的心意已经充分传达,就不用留下来守夜了。坐火车上下学的同学、住得远的同学、身体弱的同学,明天就不用特意赶过来了。"

"但是,我们来也可以吧。"

"老师,就让我们来吧。"

"你们能来当然很好,但夜里天冷,寺院里又没有御寒设施,如果感冒了,不能上课,反倒违背仓木老师的心愿。还有,今晚守夜的人,恐怕赶不上明天九点的课。诸位同学辛苦了,先解散吧。如果你们一定要来守夜,就穿得暖和些,穿什么都行,不要有顾忌,把毛毯也拿来吧。"

> 亲兄弟多年未见,如今却是阴阳相隔,伤感之情更甚。

诺奖作家给孩子的阅读课·情感启蒙

当然，住校的五年级学生都决定来守夜。

我穿着两件汗衫，外面又套上两件和服，室友笑话我样子很怪。

> 五年级学生对仓木老师的情谊跃然纸上。

夜深了，五年级的一百多人，一个不少，全都聚集在寺院里。

对此，校长和松本老师都没想到。我们彼此也没有事先约定，互相都感到惊讶。

有的人坐火车回趟家又赶了回来，有的步行往返两里外的村庄。

过了十点，仓木老师的兄长到了。

他的个头比仓木老师高大，骨骼粗壮，肌肉结实，像铁人一样。

他同我们寒暄过后，把棺椁盖掀开一条缝，透过玻璃默默地注视着弟弟，久久沉默。

"想再看老师一眼的，快来。"松本老师这么一说，我们又围住棺椁。

这次是真的永别了。

仓木老师的脸上微微泛起紫色。

天亮了，冰冷清澈的太阳照在寺院檐廊的棺椁上。

和昨天一样，我们又抬起仓木老师的棺椁，向火葬场出发。

出了小镇，在乡间小路上走十五分钟左右就到

川端康成

了火葬场。

火化炉的内侧，像漆黑的巨蛇腹部，油光光的，闪闪发亮。

白色的棺椁向里面滑进。

松本老师把装饰在棺椁上的花环中的花摘下来，给我们每个人一枝。

我们手持白花，列队整齐，老师的家人与我们相对而立。

这时，仓木老师的兄长说道："我弟弟生前承蒙诸位同学关照，最后又麻烦你们送他一程。我从老师们那里已经听说诸位同学的深情厚谊，今天亲眼所见，备受感动。真不知道流泪是因为弟弟的去世而悲伤，还是因为你们的心意而感动。相信弟弟在九泉之下可以瞑目了。我们作为遗属感动之至，无以言表。基于实际情况，弟弟的孩子们不得不离开这熟悉的小镇，将来无论去哪里，无论在哪里生活，诸位和小镇对我们的情谊，我们永世不忘。诸位同学很快就要毕业，即将踏上各自向往的人生旅程，衷心祝愿你们前程似锦。谨在此向你们表达深深的谢意。"

因为要赶九点的课，我们向学校出发。清晨的乡间小路有微微的寒意，空气清爽。

我们每个人手里都握着一枝洁白的花。

"洁白的花"象征着品德高尚的仓木老师，也象征着继承了仓木老师精神的学生们。

> **阅读小助手**
>
> "春蚕到死丝方尽，蜡炬成灰泪始干。"李商隐《无题》里的这句诗，放到这里来形容仓木老师合适极了。因为仓木老师突然去世，学校师生开始追忆仓木老师日常生活和工作中的往事，通过一系列的事情，让我们了解仓木老师学识渊博、知恩图报、对学生和学校认真负责。他高尚的品德深深影响着他的学生和同事，所以才有后面整个五年级的学生为他扶灵抬棺的事情。整篇小说背景设定在寒冷的冬季，凄凉的景象和悲伤的情绪对照，在平淡的叙述下更显悲伤，表达了学生对老师无限的追思。

○ 作家档案

中文名：米斯特拉尔

外文名：Gabriela Mistral

国　籍：智利

出生日期：1889年4月7日

逝世日期：1957年1月10日

认识作者

米斯特拉尔，诗人。早年丧父，自学成才。十四岁开始发表诗作，年轻时与一个铁路职员相恋，对方由于不得志而自杀，对死者的怀念成为她初期创作的题材，作品充满哀伤的情调。曾在家乡和圣地亚哥任教师。1922年应邀参与墨西哥教育改革，1934年起任智利驻欧美诸国领事，晚年任驻联合国特使。

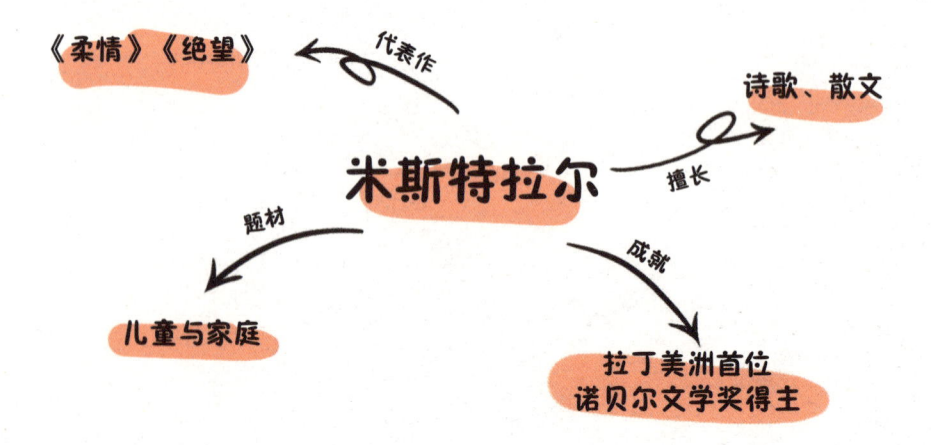

米斯特拉尔

- 代表作：《柔情》《绝望》
- 擅长：诗歌、散文
- 题材：儿童与家庭
- 成就：拉丁美洲首位诺贝尔文学奖得主

1945 年诺贝尔文学奖

获奖理由:
　　她那由强烈感情孕育而成的抒情诗,已经使得她的名字成为整个拉丁美洲世界渴求理想的象征。

创作风格

　　米斯特拉尔以清丽的形式表现了深邃的内心世界,为抒情诗的发展开辟了新的道路。随着时间的推移,她的诗的内容和情调有了显著的转变。她放开了眼界,扩展了胸怀,由个人的叹惋和沉思转向博爱和人道主义,为穷苦和孤独的妇女祈求怜悯,为受压迫被遗弃的人们鸣不平。

作文素材

　　我学会牵着你的手走路时,紧贴着你,就像是你裙子上的一条摆动的褶皱。《母亲的回忆》

　　你曾为我缝制襁褓,我要为你筑起住房。《小工人》

　　田野纯净得如同月光下的海,洗刷着平原,涤净那在不高尚的白天人们互相仇恨的氛围。《歌声》

孤独的孩子

冯珣/译

仿佛听到一声啼哭，我在坡上停下脚步，
循声来到一座茅屋门前。
床上的孩童，眼神甜美地向我张望，
无边的甜蜜感将我包裹，如饮美酒！

母亲在田间俯身劳作，迟迟未归，
孩子醒来，寻不到玫瑰色的乳头，
放声大哭……我把他紧紧抱在胸前，
用颤抖的嗓音唱起一首摇篮曲。

月亮透过敞开的窗户打量着我们，
孩子已经入睡，歌声仿佛另一道光
沐浴在我充实的胸口。

当孩子的母亲，慌张地推开房门，
看到我脸上幸福的神情，
便任由孩子在我怀中熟睡！

> ✏️ 这里对孩子的描写，渗入了"我"的想象，表达了"我"对这个孩子的喜爱。

> ✏️ 拟人手法，生动形象地描绘了月光照射进窗户的景象。

米斯特拉尔

星星谣

冯 珣/译

"星星,我很悲伤。
告诉我,你是否见过
和我相似的灵魂。"
"有一个人的灵魂比你更悲伤。"

"星星,我很孤独。
告诉我,你是否见过
和我相似的灵魂。"
"有一个人的灵魂比你更孤独。"

"星星,看我的眼泪。
告诉我,你是否见过
别的人像我这般满面泪痕。"
"有一个人流过比你更多的眼泪。"

"若你认识这样的人
告诉我是谁悲伤,
告诉我是谁孤独。"

运用拟人手法,赋予了星星生命,让诗歌更富趣味。

"我便是那个人，
连我发出的光芒
都化成了眼泪。"

> **阅读小助手**
>
> "我"用问句的形式表达了"我"的悲伤和孤独，而星星用温柔的声音告诉"我"，有人比"我"更孤独、更悲伤，最后，星星揭晓，它就是那个孤独悲伤的"人"，让"我"知道星星在陪伴"我"，原来"我"并不孤独。

米斯特拉尔

露　珠

冯　珣/译

这是一朵玫瑰
盈满了露珠
这是我的胸口
依偎着我的孩子。

玫瑰合拢花瓣
托住了露珠
又为它遮挡微风
免得它被吹落。

露珠在某个夜晚
从广阔的天空坠落
对露珠的爱意
让玫瑰屏住了呼吸。

它心生欢喜
缄默不语
其他任何一朵玫瑰

✏️ 把玫瑰和露珠与"我"和孩子联系在一起，既生动又充满想象力。

都不及它惊艳。

这是一朵玫瑰
盈满了露珠
这是我的胸口
依偎着我的孩子。

阅读小助手

　　全诗用比喻和象征的手法，用"露珠"比喻"孩子"，"玫瑰"比喻"母亲"。采用玫瑰对露珠的呵护和爱意，象征母亲对孩子的爱。生动的比喻、象征手法和细腻的感情相融合，表现了母爱的伟大。

米斯特拉尔

夜　晚

冯　珣/译

为了让你入睡，我的孩子
落日已不再烧灼
除了露珠，万物都失去光泽
除了我的脸，一切都隐入黑夜。

为了让你入睡，我的孩子
道路已陷入沉默
只有河流还在吟唱
除我以外，空无一物。

平原被雾气笼罩
蓝色的叹息被包围
<u>寂静像一只大手</u>
<u>轻轻罩在大地上。</u>

我哼着歌谣
摇晃我的孩子入睡
大地也在摇摇晃晃中
慢慢沉入梦乡……

✏ 将抽象的气氛比喻成具象的手，使夜晚的寂静感跃然纸上。

甜 蜜

冯 珣/译

因为怀抱着熟睡的孩童，我把脚步放得很轻。自从心中有了这个秘密，我的心变得无比虔诚。

爱意让我把声音也放得很轻，唯恐把他吵醒。

> 这一节写出了母爱的细腻，以及母亲面对孩子时的柔情。

我用目光在人们的脸庞上搜寻他们内心的痛楚，让他们看见并理解，为何我两颊苍白。

我轻柔而又小心地在草丛中搜寻鹌鹑筑的巢，轻手轻脚地穿过田野：我相信，树木和万物都有自己的孩子在沉睡，而它们正彻夜不眠地垂首守护着。